中国人文标识

China

|第二辑|

文房四宝

笔墨纸砚里的雅事

席小丽｜著

五洲传播出版社·北京

China Intercontinental Press

图书在版编目（ＣＩＰ）数据

文房四宝：笔墨纸砚里的雅事 / 席小丽著. —— 北
京：五洲传播出版社, 2020.11
（中国人文标识）
ISBN 978-7-5085-4506-6

Ⅰ.①文… Ⅱ.①席… Ⅲ.①文化用品—中国—古代
—通俗读物 Ⅳ.①K875.4-49

中国版本图书馆CIP数据核字(2020)第204590号

作　　者：席小丽
图　　片：图虫创意／Adobe Stock　刘凤玖　白英
出 版 人：荆孝敏
责任编辑：梁　媛
装帧设计：青芒时代　张伯阳

文房四宝，笔墨纸砚里的雅事
出版发行：五洲传播出版社
地　　址：北京市海淀区北三环中路31号生产力大楼B座6层
邮　　编：100088
电　　话：010-82005927，82007837
网　　址：www.cicc.org.cn，www.thatsbook.com
印　　刷：北京顶佳世纪印刷有限公司
版　　次：2021年1月第1版第1次印刷
开　　本：710mm×1000mm　1/16
印　　张：12.5
字　　数：180千字
定　　价：68.00元

序

中国古代的文房用具品类繁多，如镇尺、水盂、臂搁、笔架、笔筒、墨盒、砚匣等，而中国古代文人把笔、墨、纸、砚称为文房四宝，足以说明其在文房用具中的重要的地位。

在中国文人眼中，文房四宝不仅仅是必不可少的文具，更是一种文人精神的体现。慢条斯理地磨一池墨，拿起柔软的毛笔，任思绪在质地绵韧的宣纸上飞舞，从国事到家事，不论文治还是武功，一缕缕思想的精华通过笔墨纸砚展现在世人面前，也为人类的历史长河积聚了一颗颗闪耀的钻石。

在历史的长河中，文房四宝的发展有先有后，也经历了各自形成、演进、完善的过程，但是一直以来，文房四宝与中国文人相依相傍，不可分离。"笔墨精良，人生一乐"，是中国文人的追求与向往，笔墨纸砚是中国文人最亲近的生命伴侣。于是，就有了许多古代文人与笔墨纸砚的风趣轶事。在中国古代文人的眼中笔墨纸砚不只是笔耕生涯的利器，它们不仅有着鲜活的生命，也是文人生命中不可分割的一部分。

三国时的书法家及造墨家韦诞（179～253年）曾经说过："若用张

芝笔、左伯纸及臣墨，兼此三具，又得臣手，然后可以建径丈之势。"晋代大书法家王羲之（303～361年）将文房四宝比作阵地、武器、盔甲、城池。的确，对于"领兵作战"的书法家来说，笔墨纸砚何其重要。唐代大文学家韩愈（768～824年）将笔、墨、纸、砚戏称为中山毛颖（中山兔毫笔）、绛人陈元（绛州松烟墨）、弘农陶泓（弘农陶砚）和会稽褚先生（会稽褚皮纸）。

随着历史的发展，文房四宝不但满足了人们书写的需要，也被中国文人赋予了更多的情趣，成了价值非凡的艺术品。文房四宝作为中国文化的象征，也越来越受世人的青睐。网红李子柒关于制作文房四宝的视频引来无数外国人的围观，就是最好的例证。

"工欲善其事，必先利其器。"正是笔墨纸砚的存在，我们才看到了人类艺术百花园中的一枚瑰丽的奇葩——中国书画。中国书画艺术与文房四宝，是中国文化史上的两个瑰宝，如今都已成了向世界展示中华文化的一条纽带。

目　录

第一章

文房四宝，
中国人的特殊符号

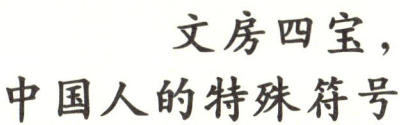

文房四宝就是中国古代文人书房中的笔、墨、纸、砚的统称。笔、墨、纸、砚的出现，对中华文化的延续发挥了举足轻重的作用。正是因为笔墨纸砚的存在，中国文人的思想精华才得以展现。

文房四宝　笔墨纸砚里的雅事

✕

PART 01
中国文人书房与笔墨纸砚

北京故宫博物院的房屋共有几千九百九十九间半，建筑面积约15万平方米，在这座举世闻名的古建筑群中，有一间只有8平方米的房子，吸引着无数游客驻足，它就是三希堂。

三希堂是中国古代最出名的书房，是乾隆皇帝（1711 ~ 1799年）一生最喜欢的地方，也是他留下的最明显的标记。

乾隆皇帝工作和休息的地方是在养心殿，养心殿非常的大，而三希堂在养心殿西边的小角落里，是故宫里最小的房间。乾隆皇帝为什么就喜欢这个小小的书房？

原来，"幽幽书香静心处"的书房，是中国古代文人的安身立命之所。在这个小天地里，古代的知识分子读书、吟诗、作画、习字、弹琴，也可以对弈、会友、讨论家国时事。因此，书房就是古代知识分子的精神乐园。乾隆特别喜欢在三希堂读书写字，许多治国方略都是在这里酝酿而出。

书房，古代称为书斋。斋是清心洁净之处，包含着恭敬、寡欲，而这正是古人读书时所追求和要达到的最高境界——清静雅致、避尘绝俗、一心向学、饱读诗书、修身养性。书房是中国古代文人的象征，纵观历史，凡是文人，谁能没有书房？这些书房或恬静雅致，或简单古朴，都是主人

✕ 古代文人书房样式

车胤囊萤

这个故事记载于《晋书·卷八十三·车胤传》。传说，古时有位名叫车胤的读书人，自幼聪颖好学，但家境贫寒，经常连点灯用的油都买不起。于是，每到夏日，车胤就用白绢口袋收集萤火虫，用于夜间照明读书。后来，车胤终成一代学者。

志趣的写照。古代文人常为自己的书斋起斋号，比如，归有光的"项脊轩"、袁宗道的"白苏斋"、唐伯虎的"梦墨堂"、袁枚的"小仓山房"、蒲松龄的"聊斋"、梁启超的"饮冰室"，都意蕴深远。

书房的别名有"芸窗""芸馆""萤窗""雪窗"，之所以叫"芸窗"和"芸馆"，是因为古人藏书时，用来驱虫的香料——芸，而"萤窗""雪窗"，是典出车胤囊萤、孙康映雪的故事。

三希堂的名字来源，有两种说法，一种说法是，"三希"取自周敦颐的名言——"士希贤，贤希圣，圣希天"，意思是世人希望成为贤人，贤人想成为圣人，圣人希望成为知天之人。另外一种说法是，"三希"同"三稀"，在三希堂有乾隆皇帝收藏的三件稀世书法珍品，即王羲之的《快雪时晴帖》、王献之《中秋帖》、王珣的《伯远帖》，乾隆皇帝对三件墨宝爱不释手，他将这些字帖收藏在这间小屋，就是为了能随时欣赏、临摹。

走进"三希堂"的笔墨纸砚

在三希堂，湖笔是常客，乾隆皇帝御用的笔品有"经天纬地""万年青""云汉为章""云中鹤""檀香笔"等，而且笔管的材质也是极尽丰富与名贵，竹管、木管、漆管、瓷管、玉管、玳瑁管、骨角、牙管等应有尽有。乾隆二十六年（1761年）七月，云南巡抚刘藻贡物，仅湖笔一项数目高达420枝，到后来，进贡的湖笔增加至503枝。乾隆晚期，因皇宫库存数量过多，进贡湖笔的数量才有了减少。

乾隆时期，除了常用的传统管笔外，还

孙康映雪

此故事出自唐代的《艺文类聚》，说的是晋朝有一个叫孙康的人，从小喜欢读书。但因家境贫困，为了维持生计，孙康白天都不得不下地干活。到了晚上终于有时间看书，却因买不起灯油，只能借着月光在黑暗中读书。一个冬季雪夜，月光皎洁。孙康突然发现书上的字在雪地里看得很清楚，连忙拿着书在雪地里看。此后，每逢下雪，孙康就不顾严寒，在雪地里读书，哪怕手脚长满冻疮也不在乎。也正因为如此努力，孙康后来功成名就，官拜御史大夫。

✕ 三希堂

流行提笔和楂笔。其中提笔由笔管和笔斗两部分组成，也有管斗一体的，主要用于书写匾额、横幅大字。这些大字在书写时，书写者大多是悬空提笔书写，因此这种笔就被命名为提笔。当时的人为了追求奢华，提笔的管斗装饰精美，笔斗与笔管的取材有玉斗、牙斗、木斗、珐琅斗、骨角斗、瓷斗等。

楂笔，也叫抓笔，是毛笔中最大的品类，笔杆一般为木质，而笔头一般都是用羊须、马鬃、马尾等长而硬的兽毛制成。1987年，河北衡水市的毛笔厂曾制作了一支"巨峰"抓笔，笔杆长达3米，笔头竟然用了40匹马的尾毛制成。这支特制的抓笔一次蘸的墨汁达25千克，书写的字竟有4米见方。

清康熙年间（1662～1722年）宫廷造办处就设有墨作坊，专门负责御用黑墨和朱墨的制作。康熙、雍正、乾隆三朝时期的墨品均署"御墨"字样或制作年款，并以仿古集锦墨为主。这些墨在造型、装饰等方面都精美绝伦，有独特的宫廷风格。

清代宫廷用纸一般是由杭州织造、苏州织造、江宁织造等按内廷画样承办制作，除此之外，每年各地朝贡、岁贡、春贡、万寿贡等均有大量纸绢进贡。特别是乾隆时期，每年各地进贡纸品数以万计。皇帝的御笔书画用纸有各色粉蜡笺纸、洒金纸、宣纸、侧理纸、仿明仁殿纸、梅花玉版笺、澄心堂纸等。据说，乾隆皇帝最钟爱的纸是金彩龙纹纸。这种黄色的纸张上面描绘着五爪金龙，极具皇家特色。2015年，一纸金彩龙纹纸曾拍卖了9.2万元。

喜欢舞文弄墨的乾隆皇帝还收集了许多端砚、歙砚等名砚，也曾为众多名砚赋诗作词。在《钦定西清砚谱》中，乾隆皇帝曾写到，松花石砚"冠于砚谱之首，用以照耀万古"，足见其对松花石砚的推崇。

中国文人书房的主角——笔墨纸砚

书房是中国古代文人追求仕途的起点，也是他们寻找自我的归途。深受儒家思想熏陶的中国文人，秉着"修身、齐家、治国、平天下"理念，都梦想着有一天能出人头地、报效国家。然而，理想与现实之间难免有差距，当在现实中碰壁后，有的文人就走进书房，闭门读书，吟诗作画，或以言志，或以自勉，或以寄情，或以明愿。中华民族的文化在书房里融合、发酵，酝酿出崭新的、闪动的、灵光的艺术珍品，也为中国历史文化增添了无数光辉。

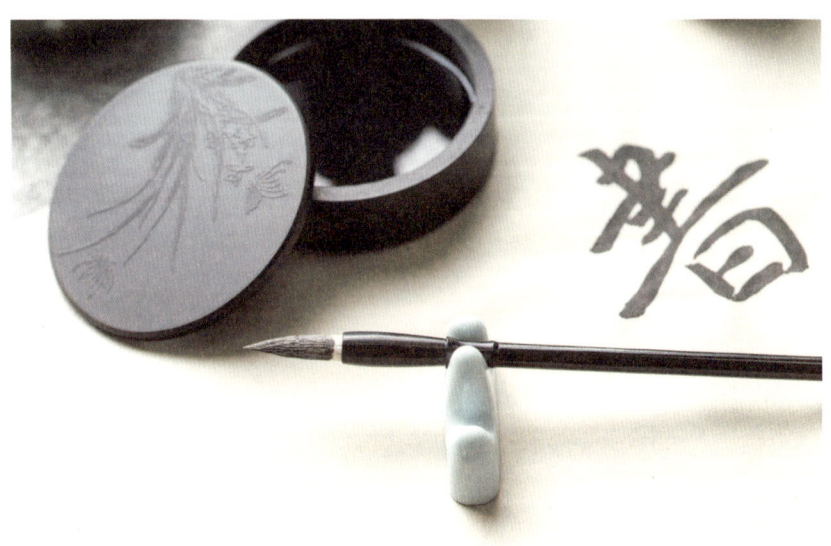

× 笔墨纸砚

　　笔、墨、纸、砚是书房里不可或缺的，当然，对联、书画、书架、油灯、写字桌、椅子也是书房的必需品，但是它们和笔墨纸砚相比还是逊色多了。另外，笔格、笔洗、镇纸、水中丞、印泥盒、臂搁等文房清供都是书房装饰的主要陈设。但是，总的来说，古人的书房一般都很简单，没有过多陈设。古代文人士大夫的书房装饰因个人的情趣爱好差异而各不相同，但笔墨纸砚作为书房的主角，历经千年亘古不变。

PART 02
文房四宝名字的由来

　　"文房四宝"是指纸、墨、笔、砚四类书画用具，但是在最早的古代文献中并没有"文房四宝"一说。这是为什么？因为文房四宝中的笔墨纸砚，其问世时间有先有后，而且各自演变、完善的过程也不是并驾齐驱。

来自诗句的名称

　　如今，我们能看到的比较早的"文房"一词，就是唐代杜牧（803～852年）在《奉和门下相公兼领相印出镇全蜀诗》中所写的"彤弓随武库，金印逐文房"。后来，北宋的苏易简探根溯源，记录许多关于文房四宝产生的根源、制造的工艺、流传的典故，以及历代名人关于文房四宝的诗词赋文，按纸、墨、笔、砚分门别类汇编成《纸谱》《墨谱》《笔谱》《砚谱》，于是就有了《文房四谱》，又名《文房四宝谱》。从此，古人们就把笔墨纸砚统称为"文房四宝"，"文房四宝"作为专门的用词一直流传至今。北宋宣城诗人梅尧臣（1002～1060年）也曾写下了"文房四宝出二郡，迩来约产生于公元前 5000 年至前 3000 年（即距今约 7000 年至 5000 年），发源于黄河中游地区的新石器时代彩陶文化，分布在今天的甘肃省到河南省之间，因 1921 年首次发现于河南省三门峡市渑池县仰韶村而得名。考古界认为"华夏"一词中的"华"的概念应该出自仰韶文化。仰韶文化是一个以农业为主的母系氏族文化，有大大小小的村落，有发达的制陶业。从彩陶的图案和纹饰分析，当时的绘画已经使用了毛笔一类的工具。仰韶文化是中国新石器时代最重要的考古发现，最初由中国地质调查所顾问、瑞典地质学家安特生开始，揭开了中国考古学研究的第一页，破除了"中国无石器时代"的谬论，具有划时代的里程碑意义。

赏爱君与予"的诗句。

南宋诗人陆游（1125 ~ 1210 年）的诗句"水复山重客到稀，文房四士独相依"，"文房四士"就是指文房四宝。只是被陆游题入诗句称颂的"文房四士"一词，却没有像"文房四宝"那样流行并流传下来，究其原因，大概就是笔墨纸砚的确是古人书房不可或缺的珍宝。

虽然毛笔的起源可追溯到新石器时代，仰韶文化的陶器绘图确认是毛笔的杰作，但是关于古代毛笔的实物，人们只在楚国墓葬中得到了证实。笔墨纸砚早已和古人的生活密不可分，但是关于宋以前的文房具体是什么样的，并没有相关的文献记录。如今，专家只能在考古研究中，追寻文房四宝及古代书房的蛛丝马迹。

中国古代文人的道具

1990 年 3 月，福州市杨桥路西段的茶园山中心小学修建操场，在距地表约 1 米的地方，施工队发现了一座古墓。福建省考古队的工作人员立即赶赴现场，对古墓中的随葬品进行清理，通过墓志上的文字记载，知道了这是南宋（1127～1279年）许峻的墓葬。许峻的曾祖父官至太傅，其祖父和父亲都官至少傅，都是历代皇帝的功臣，许峻本人也官至通判，是中国古代典型的知识分子代表。

在墓葬中，考古人员发现了许多随葬金银器物，最为珍贵的是一套完整的文房四宝。在中国古代，人们讲究"事死如事生"，会将死者生前使用过的器物如数搬到坟墓中，这些陪葬的器物，就成了后人研究历史的佐证。虽然笔、墨、纸、砚早有发现，但是成套的文房四宝还是第一次出现在古代墓葬中。

无独有偶，1993年，考古人员在河北张家口宣化区下八里村辽代（907～1125年）张文藻家族墓的壁画中，发现了多幅笔、墨、纸、砚同绘于一处的图画，这也是迄今所见最早的"文房四宝"图画。壁画的墓主人张文藻去世于辽代咸雍十年，即1074年。

无论是许峻墓的随葬品还是辽代张文藻家族墓的文房四宝壁画，都说明了中国古代文人是文房四宝的拥有者、使用者，文房四宝是中国古代知识分子施展文韬武略的道具，是中国文化源远流长的功臣，也传递着文人精彩绝伦的思想火花。中国文人与文房四宝是最好的伙伴。

历史上，"文房四宝"所包含的物品数次变化。在南唐（937～975年）时，"文房四宝"特指诸葛笔、徽州李廷圭墨、澄心堂纸、江西婺源龙尾砚。而宋以来，"文房四宝"则特指湖笔（浙江湖州）、徽墨（安徽古徽州，包括现在的安徽黄山市、宣城市的绩溪县，以及江西上饶市）、宣纸（安徽古宣州，即现在的宣城市〈除绩溪县〉）、端砚（广东古端州，今肇庆市端州区）。

PART 03
世界文化史上的瑰宝——中国书画

　　2017年3月15日，纽约当地时间晚上七点，纽约笼罩在暴风雪的肆虐之中，然而香港佳士得拍卖公司的纽约拍场，却是人声鼎沸，备受瞩目的"纽约藤田美术馆藏中国古代艺术珍品"专场拍卖在这里如期开槌。南宋著名画家陈容（南宋端平二年〈1235年〉进士，曾做过福建莆田太守）的《六龙图》刚一开拍，就从100万美元被直接叫到了1000万美元，在长达

╳　南宋　陈容的另一幅传世之作《九龙图》（局部）

16分钟的激烈争夺后，这幅纵长440.7厘米，横34.3厘米，书法尺幅纵83厘米，横35.1厘米的画卷，最终被买家以4896.75美元，约合3.38亿人民币成交。

这幅作品到底是什么样子呢？

《六龙图》的名字非常直白，就是画面中依次画着六条在云雾中腾飞的巨龙。画卷上有南宋理宗皇帝（1205 ～ 1264年）和诸大臣的题跋以及陈容自题的古诗一首。此画卷代表了南宋时期画龙的最高水平，在中国绘画史上具有举足轻重的地位。有人赞美《六龙图》："云蒸雨飞、天垂海立、腾骧夭矫、幽怪潜见。"

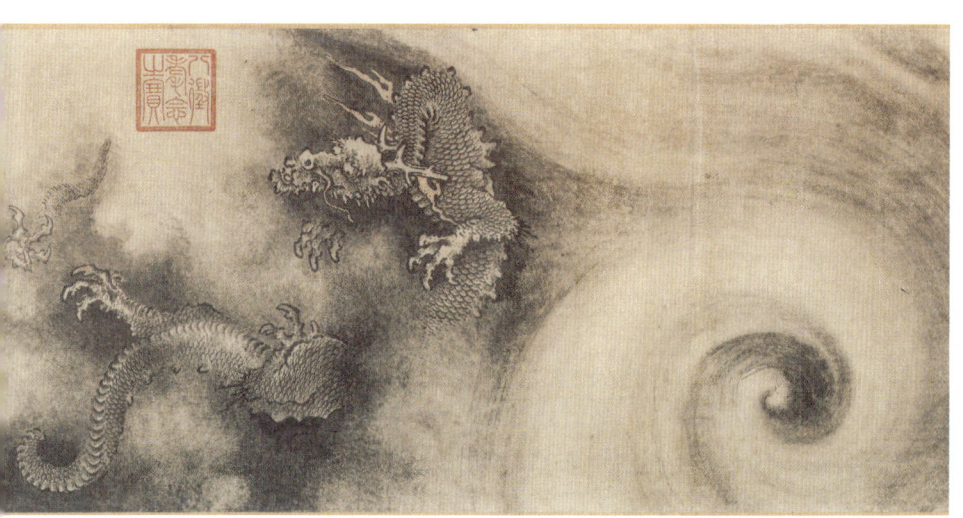

这幅天价《六龙图》可谓命运多舛。最早,它属于乾隆皇帝的收藏品,后来又成了恭王府的珍宝。1912年2月12日,辛亥革命成功后,为了末代皇帝溥仪复辟,恭王府将大量古董字画卖给日本山中商会以筹措军资。之后,山中商会又将此古画卖给了大坂的藤田家族。2017年初,藤田美术馆因资金紧张,只好忍痛割爱,委托给香港佳士得拍卖公司拍卖。

醉酒作画的陈容

《六龙图》的作者陈容,即名扬天下的"所翁龙"。陈容不仅是一个天才型的画家,也敢说出真实的想法。当时,南宋晚期的权臣贾似道,想拉拢陈容,就请他喝酒。陈容极爱喝酒,喝高兴了就袒露真言,对贾似道颇有鄙夷之色,而贾似道也不怪罪于他。

陈容很擅长画水龙,除了《六龙图》,他还创作了《九龙图》《五龙图》《墨龙图》等作品。在墨的浓淡变化中,一条条巨龙在变幻多端的云层中盘旋、时隐时现。而最让人惊叹的是,巨龙腾云驾雾的感觉竟然是陈容嘴里含一口水,随即喷在画布之上,而营造出来的。更叫人惊奇的是,陈容常常在喝酒喝的酩酊大醉之后,脱下头巾,用头巾蘸上墨汁,乘兴作画。

当时的南宋政权飘摇不定,陈容纵意饮酒画龙,不单单只是描绘巨龙出入山河、腾天潜渊、遨游太空的磅礴的气势,还有几分魏晋时期阮籍(210 ~ 263年)等人与当朝者抗争而大醉六十日不醒的意味。

龙的渊源

一直以来，中国人有"龙的子孙""龙的传人"等称谓，在世界各国的华人居住区或中国城内，最多、最引人注目的饰物仍然是龙。对中国人来说，龙的形象更是一种符号、一种情感。"龙的精神"是中华民族的象征，是中国人勤劳、勇敢、不屈不挠、大胆创造的代表。

在中国文化中，龙也是力量和权势的象征。人们常常认为龙是封建君主的化身，是皇帝的象征。因此，中国第一位皇帝——秦始皇（前259～前210年），被称为"祖龙"，历代帝王被称为"真龙天子"，与皇帝有关的器物服饰或动作行为，也都冠以"龙"字。如皇帝穿的大袍叫作龙袍，皇帝的朝服叫作龙衮，皇帝乘的车驾叫作龙舆，皇帝的身体被称为龙体，皇帝生病叫作龙体欠安，皇帝生气叫作龙颜大怒，皇帝高兴叫作龙颜大悦。

✕ 龙图案的剪纸

古往今来，中国人总是用龙、凤比喻人中豪杰，被称为龙的人，若不是生在帝王之家，就是才华横溢又品性刚直，有一点怀才不遇又有一点孤芳自赏，让人充满敬畏之情。

龙，在古代人丰富的想象中被赋予了空灵飘逸的仙家之气。宋代人提出龙的形象："角似鹿、头似驼、眼似兔、项似蛇、腹似蜃、鳞似鱼、爪似鹰、掌似虎、耳似牛。"唐朝的刘禹锡（772～842年）在《陋室铭》中写道："山不在高，有仙则名，水不在深，有龙则灵，斯是陋室，惟吾德馨。"从中可看到，古代文人将自己比作龙和仙，即使身居陋室，却心宁气静，怡然自得。"龙与仙"的境界正是表达了古代文人一种飘逸洒脱的人生态度。

陈容的《六龙图》在国际市场获得惊人的高价认同，除了陈容画的龙灵动、逼真，受到明清以来中国、日本画家的追捧、仿效，最主要的原因还是收藏家们对陈容的《六龙图》所承载的中国文化及其历史价值的接纳。陈容的《六龙图》只是中国书画的冰山一角，但是，在《六龙图》中，正是笔墨纸砚的运用，才让更多的中国文人的才情在书法与绘画中得到体现。

PART 04
中国文人与笔墨纸砚

　　远古时期，人们通过口耳相传进行交流。一件事情，你传给我，我再传给他，一来二去，许多信息难免出现差错，而且随着人们交流范围的扩大、交流内容的丰富，口头语言说过即逝、无法保存，不能清晰地传达到较远的距离，于是，文字就应运而生了。

✕ 贺兰山岩画

3500年前，地球上出现了文字。苏美尔人创造的楔形文字、埃及人创造的象形字，以及华夏民族创造的甲骨文，是世界上能看到的最古老的文字。然而，楔形文字多使用芦苇杆或木棒在泥板上刻画，笔画大都为具三角形的线条，字形也随着文明演变，楔形文字统一固定为音节符号。古埃及人的文字，起初叫作"圣书字"，包含着很多狮子、鸟、长矛一类的图画，属于象形字。后来，古埃及人的文字逐渐增加表意、表音的元素，最后受到拼音文字的影响，开始朝字母化方向发展。而如今，古老的楔形文字、圣书字都已经没有人使用了。只有汉字，现在仍在使用，也是当今世界上使用人数最多的文字，汉字还是中国人的符号特征。

　　经过考证，中国文字起源于距今约五、六千年左右中国黄河中游的"仰韶文化时期"，这一时期中国文字以陶器文字，即图画为主。后来，中国人又发明了真正意义上的文字——甲骨文，甲骨文与苏美尔人创造的楔形文字、埃及人创造的象形字是世界上能看到的最古老的三种文字。在人类历史的长河中，汉字经历了陶器文字、甲骨文、金文、大篆、小篆、隶书、草书、楷书和行书的演变。

　　毛笔笔锋的柔软特性，使毛笔在书写过程中有了变化的可能。柔软的毛笔在古代文人雅士的手中，既可以横向拖曳，又可以提按，随着用力轻重，画出的线条，粗细有别，充满了艺术美感。

　　毛笔在汉字演变的过程中，不但对交流、继承中国文化功勋卓著，而且又形成了一种独特的造型艺术——书法。中国书法是中国特有的一种传统艺术。说起中国书法，那一定离不开笔墨纸砚。

　　一副完整的书法作品，笔画、字、行是基本的要素。其中笔画是最基本的，所有的字和行都是由笔画运行的轨迹和排列的组合形式。笔画的力感、节奏、变化、和谐等等，决定了一个字及整幅作品的形式美。

✕ 笔墨纸砚

在北京故宫博物院，清朝乾隆皇帝的书房——三希堂，有一幅大书法家王献之的行草《中秋帖》，这幅墨宝现仅存22字，字势连绵不断，被称为"一笔书"，是书法"血脉相连"的楷模。飞动是这幅墨宝的最大特点，古人说，飞动则多奇，飞动则多趣。从这幅墨宝中，人们仿佛看到了生命的勃勃生机，听到美妙的旋律，从而有了种种想象。书法的动感除了来自笔画线条的形貌和连接方式之外，还与线条的流动速度有关，这就对笔墨纸砚有了不同的要求。

古代中国人向来崇尚"学而优则仕"，一手好字，外加文采斐然的文章，是古代文人走向仕途的绝妙武器，因此笔墨纸砚不得不讲究。另外，文人雅士们常常借助书画，抒发胸中的万丈豪情与苦闷，随兴所至，心中的所思所想汇聚笔墨之中，笔墨情趣也是文人墨客心境的体现。用毛笔蘸水、墨、彩作画于绢或纸上是中国画的传统绘画形式，这

✕ 晋 王献之《中秋帖》

更离不开笔墨纸砚。

"工欲善其事，必先利其器。"文房四宝自古就和文人及书画家结缘，达成了互长共进的默契。字画是文人内心的表达，优质的笔、墨、纸、砚自然受到文人的青睐。三国时的书法家及造墨家韦诞说："若用张芝笔、左伯纸及臣墨，兼此三具，又得臣手，然后可以建径丈之势。"文房四宝在发展改进中不断凝聚了中国人的智慧，是中国文明发展史上的宝贵文化遗产，同时中国历代文人借助笔墨纸砚还创造出诸如书法、字画、典籍册页等绚烂多姿的文化产品。

晋代书法家王羲之曾说过，文房四宝相当于是阵地、武器、盔甲、城池，这对于"领兵作战"的中国文人来说，缺一不可。文房四宝与古代文人情同手足，唐代大文学家韩愈将"笔、墨、纸、砚"戏称为"中山毛颖

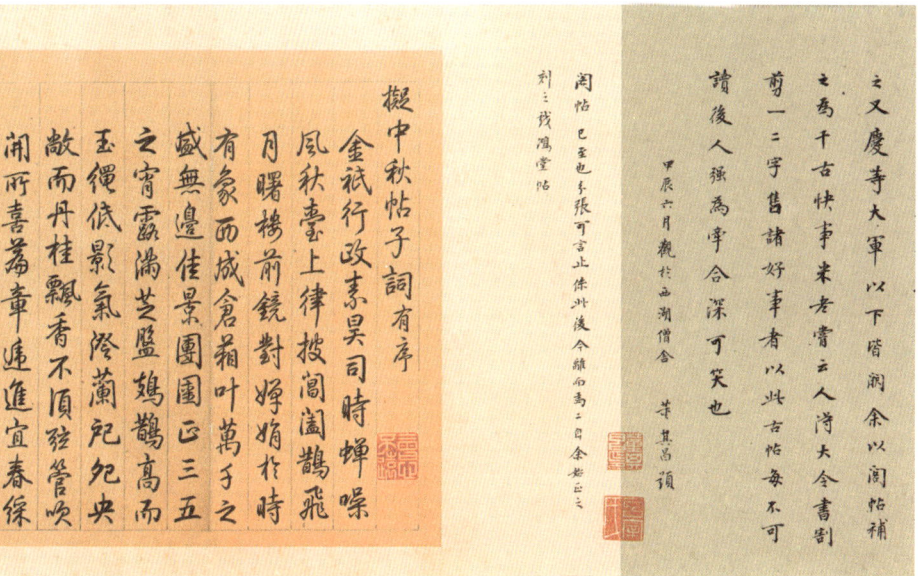

（中山兔毫笔）、绛人陈元（绛州松烟墨）、弘农陶泓（弘农陶砚）和会稽楮先生（会稽楮皮纸）"。

笔墨纸砚的存在，使得中国古代知识分子的性格、才识、情绪，在诗词字画及典籍册页中得以显现，也给后人们留下了宝贵的文化遗产。

PART 05
文房清供，中式书房不可或缺的配角

　　一间中国传统书房，笔墨纸砚及木制桌椅是标配。但除此之外，往往会有一件或多件具有精美工艺、独特造型，极具观赏性的器物吸引我们的眼球。它可能是一个放置毛笔的笔筒、洗涮毛笔的笔洗、测墨浓淡的笔舔、搁置毛笔的笔山，或者是放置墨块的墨盒、装磨墨用水的水注、储水的水丞；或者是写字作画时用来压纸的镇纸，存放书札、束帖的书匣，亦或是一幅铁画银钩的书画作品，也可能是一个根雕，一把乐器，一件瓷器，一盆花草等等。这些琳琅满目的文房杂器，是中国传统文房不可或缺的辅助用具，它们也有一种雅称——文房清供。

　　文房清供种类繁多，可谓包罗万象。其制作工艺繁复，通常有绘画、法书、烧造、雕刻、镶嵌等，材质也是无所不包，有金、银、铜、铁、玉石、漆器、陶瓷、玻璃、珐琅以及竹、木、牙、角等。这些功能各异的文房清供，是中国传统书房中不可或缺的陈设，它们与笔、墨、纸、砚一起，为中国人的书写绘画服务，同时也组成了一个极具中国特色的艺术品世界。

　　"是无情之物变为有情"，是文房清供的真形象写照。文房清供不在于是否名贵，关键在于主人的生活情趣。常言道，"案头清供是君子之心"。

✕ 中式书房

中国文人常常寄托情志于物件，一件小小的文房清供，往往是主人清雅情趣所在。古代文人崇尚"天人合一"，自然界中的花草林木，所蕴之精神常常与文人产生共鸣，因此，文人们也会把花草请至书房。明末清初的文学家、戏曲家李渔嗜水仙如命，据说每到冬季，李渔都要令家人购回许多水仙花，并亲手雕刻成各种造型，置于精美的器物中，或摆放在自家客厅和书房，或送给亲朋好友。

中国古代文人，对于精神上的契合有着很高的要求，而一件件的文房趣物带给他们的精神愉悦，是他人无法理解的。文人对文房清供的痴爱，其实是一种古雅的生活态度，一种高雅的生活追求。

第二章

毛笔，
起源于中国的书写工具

笔居文房四宝的首位，其作用也是毋庸置疑的。考古中发现只言片语的文字记载，都会为后人还原历史提供大量的证据。而这些记载都有赖于笔的记录。假如没有笔，人类文明的成果就会随着历史的风尘烟消云散。毛笔是中国人特有的书写工具，中国的文化历史离不开毛笔，毛笔的历史也融入了中国人的智慧。

文房四宝　笔墨纸砚里的雅事

✕

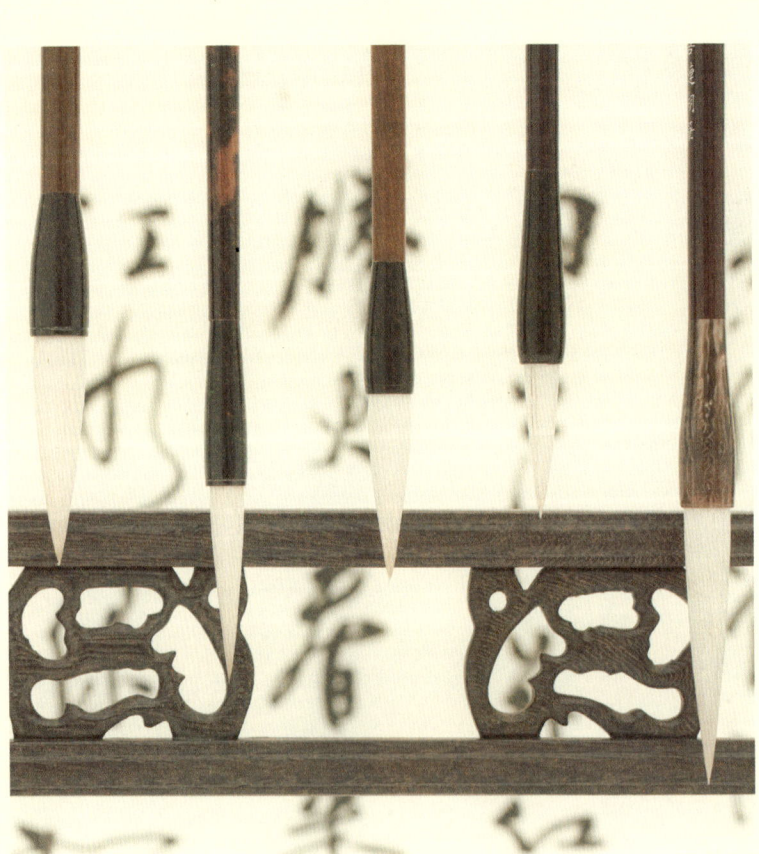

PART 01
毛笔的远祖——硬笔

　　如今，笔是一个庞大的家族，软笔和硬笔为其中两大分支。钢笔、圆珠笔、铅笔、粉笔以及由竹、木、金属等硬质材料制成的笔都属于硬笔的部落。而在"文房四宝"中的笔，则属于软笔，是用动物的毛制成。现代社会，虽然作为软笔的毛笔已在日常生活中渐渐走出普通人的生活，成了书法及绘画爱好者的创作工具，只有钢笔等硬笔与我们的生活密不可分，但毛笔所蕴含的中国文化价值是硬笔不能取代的。且不说书法界一年一度的"兰亭奖"，日益高涨的国学热也使得书法写作与中国画的学习逐渐走进了大家的生活。但是，追溯毛笔的源头，我们会发现，原来硬笔曾是毛笔的远祖。

　　早在4万年前的原始社会，当人们认识到口耳相传传递信息的局限时，就开始用石块在山洞的墙壁上画图画。先民们以石器为工具，用古朴、自然的石刻方法，记录了他们的生活方式。质朴的先民在岩石上运用磨刻、涂画、凿刻的方法，日复一日、一丝不苟地刻画出了各种动物及人物的画像，还有神灵的画像。人们探究发现，这些岩画中大部分是动物画像，之所以这样，是因为在远古时期，人类的数量大大低于动物的数量，而且动物时常侵犯人类的生活，在庞大的古代生物面前，人的力量显得很微弱，

✕ 广西花山岩画

再加上生产力水平低下，人们对动物的崇拜油然而生。另外，动物是人们赖以生存的资源，认识动物可方便人们狩猎。把动物的形象刻画在岩石上，也可对孩子起到传授知识的作用。

世界上150多个国家和地区都先后发现了古代岩画，而中国是世界上岩画最多的国家，在中国的西北部及东南沿海均发现了古代岩画，这些岩画都是人类文化绵延的载体，有了这些岩画，现代人可以循着历史的踪迹，追溯先民们的足迹，窥探祖先的生活习性。在这里，我们看到了坚硬的岩石充当了笔的角色，而岩壁就是原始人类的纸，岩画中的图像，就是文字出现前，原始人类留给后人最古老的"文献"。

作为世界上使用人数最多的汉字，就载体而言，其经历了石文（岩画）、陶文、甲骨文、竹简文、绢帛文、纸文等历史演变。石文、陶文虽然也为人类探索历史的踪迹提供了非凡的价值，但它们都不是真正的文字。石文、陶文的特殊的图纹，至今都是人们探索的秘密。

仔细观察，新石器时期陶器的图纹，凹入陶胎，是阴文，必是尖刻锐利的工具所为。据研究，在远古时代，人的指甲、动物的角尖、竹签、骨锥（动物的骨头研磨的尖而锐利的器物）、石片、石锥都是刻画的工具，这些都是古代"硬笔"的代表。半坡遗址的锥刺纹壶、河姆渡遗址的猪纹等新石器陶器，均可见古代"硬笔"的痕迹。

PART 02
最早的毛笔实物

　　毛笔的出现，是一个漫长复杂的过程，不仅经历了刀书等硬笔的发展过程，而且在历史进程中也在慢慢蜕变。关于中国毛笔的起始，说法不一。

　　中国古代传说中，伏羲氏用木头刻字，用尖木器画八卦。轩辕氏用骨刀或石刀刻画文字。虞舜创造了竹枝笔书写文字于方简，创造后代用笔蘸墨书写文字的方法。从大汶口出土的陶器，文字笔画有的简朴硬朗，有的线条活泼流畅，这两种风格说明，当时人们除用单一的"硬笔"刻画文字图画外，已经开始用动物柔软的毛、羽作为书写工具的笔头。而到了新石器晚期的彩陶，图案笔画已用笔流畅，线条柔美，多带有弧形。据此分析，为毛笔一类工具绘写。

　　根据近百年的考古成果，史学家认为毛笔的出现，最晚是殷商时代，也就是"竹挺笔"的出现。

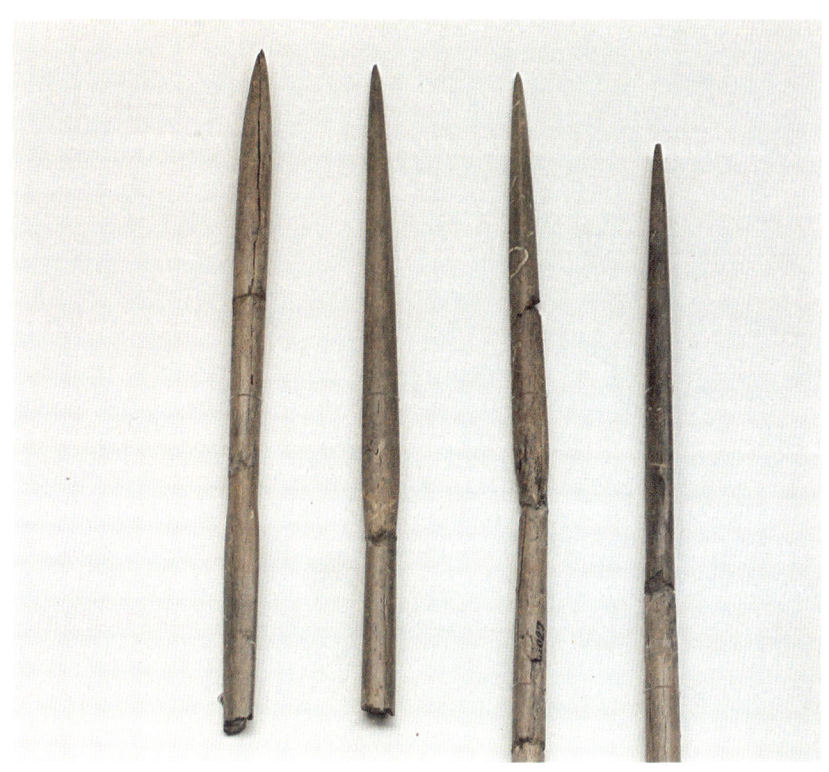

✕ 骨锥

"竹挺笔"是什么样的

聪明的古人是将细竹子的一端反复捶砸成丝状，然后蘸漆进行书写，这种笔就叫作"竹挺笔"，到了春秋时期，人们依然用"竹挺笔"在竹简上写字。

"竹挺笔"可不像现在的毛笔那样柔软，古代的墨也比现代的墨汁要黏稠得多，粗硬的竹丝蘸着黏稠的墨，在光滑的竹简上写字不但远不如在纸上写字那么流畅、挥洒自如，而且是非常吃力、很难掌握，于是就形成了头粗尾细的蝌蚪书，蝌蚪书是文字的始祖。

到了春秋战国（前770～前221年）之际，随着社会的进步，各诸侯国间的交流日益增多，诸子百家著书立说成风，毛笔成了主要书写工具。虽然毛笔的历史已有六、七千年之久，但人们关于古代毛笔的实物形状一直在存在于考古推测中。

最初的毛笔尊容

在新石器时代的许多陶器上，已经可以看到毛笔的印记，然而，很久以来，人们对古代毛笔的原型都茫然不知。

直到1954年6月，人们在湖南长沙左家公山战国楚墓中发现了一支毛笔，笔杆是用竹子做成的，粗0.4厘米，长18.5厘米，笔头长2.5厘米，笔毛采用上等的兔毫——兔箭毛。经过研究发现，古代人制作这种毛笔时，是将笔杆的一端劈开，将笔毛夹在中间，然后用细线缠住，外面还涂了一层漆。至此，一直不见真容的古代毛笔终于第一次出现在现代人的眼前。大家断定这就是最早的古代毛笔原型。

然而，到了1958年，考古学家在河南信阳长关台出土的两座春秋晚期楚墓中，发现了大批竹简和一个书写工具箱，内有铜锯、锛、削、夹刻刀、刻刀、锥、毛笔、笔管等。其中，出土文物中的这支毛笔与在湖南长沙左家公山战国楚墓发现的毛笔相似。

的确，这支毛笔的笔杆是直径约0.9厘米、通长23.4厘米的小竹竿，笔锋长2.5厘米，与左家公山战国楚墓毛笔大同小异。但是，这支笔毫是用绳捆扎在笔杆四周。这种外扎式的毛笔与传说中的蒙恬发明的毛笔一模一样，它是河南信阳长关台出土的两座春秋晚期楚墓中的主角，其他的铜锯、锛、削、夹刻刀、刻刀、锥都是为它服务的。后来，考古学家发现，这些东西都是在出现书写错误时，进行修正、恢复的工具，而笔管是保护毛笔的。尽管河南信阳的楚墓毛笔相对于湖南长沙楚墓的毛笔出土晚几年，但却比后者早了好多年，是迄今发现的最早的毛笔实体。河南信阳楚墓毛笔的出土，让人们了解了春秋晚期毛笔的制作技艺。

后来，到了战国时期，毛笔的制作技艺得到改进，人们通常把笔杆的一头用刀劈成几片，将动物的毛夹在它的中间，然后用细线缠绕、固定结实，最后还在笔头上涂一层漆，可使笔毛更加结实，也使笔的根部在浸了水、墨之后不至于很快就被泡松、浸烂。这也就是我们看到的湖南长沙左家公山战国楚墓毛笔的样子。

无论是河南信阳长关台的春秋晚期楚墓还是长沙左家公山战国楚墓出土的毛笔，都属于先秦时的毛笔，这也通常被人们称为古代毛笔的第一阶段。

PART 03
古毛笔制作法

在春秋战国时期，各诸侯国对笔的称谓大相径庭，比如，楚国称笔为"聿"，吴国称笔为"不律"，燕国称笔为"拂"，秦国称之为"笔"，秦始皇统一六国以后，笔才统一被称为"毛笔"。

笔祖蒙恬

说起毛笔的发明者，大家都一致认为是秦朝大将军蒙恬。传说，公元前223年，秦国大将蒙恬带领士兵与楚国交战，为了让秦王能及时了解战场上的情况，要定期给秦王写战况报告。通常是用木签或竹签蘸了墨，在丝做的绢布上小心翼翼地书写。蒙恬感觉到十分不方便，那种笔硬硬的，蘸墨很少，写不了几个字就得停下来再蘸墨。无意中，蒙恬将兔毛绑在竹竿上进行书写，发现确实方便多了。于是，人们都使用这种用竹竿和兔毛做成的书写工具，蒙恬就成了人们心中的"笔祖"。

但是，更合理的推断是，在蒙恬之前，毛笔就已出现，但是蒙恬确实

对毛笔作了很大的改进。蒙恬对毛笔的改进,不仅是一场技术革命,而且是一场艺术革命。这个时期的毛笔,继承了战国及秦以前毛笔的粗细、长短及形状,唯一不同的是,笔毛被插进了竹制的笔管腔内。

1975年12月,湖北云梦睡虎地11号秦墓中出土的三支毛笔就是例证,其笔杆是竹子做的,上尖下粗,一端被镂刻成空腔,笔头就纳入笔管的腔内。由此可见,秦代已经采用了纳入笔管的工艺,但这种笔,没有一个锐利的尖锋,用起来还是不能得心应手。

到了汉代,毛笔就以硬毫笔为主了,笔毛除了兔毛还有鼠须,而且制笔工艺也有了重大的改进,那就是在笔头中间加入一个笔芯。为了保证有尖锋,笔芯是用有弹性且很尖锐的硬毫做成,然后在笔芯的四周再加上便于储墨的软毛,称之为副毫、披毛,这就是"披注法"。

1972年,在甘肃武威磨咀子汉墓出土了一支汉代毛笔,笔芯是紫黑色硬毛,外面覆盖黄褐色的软毛,笔管是竹子做的,笔头纳入笔管后,捆绑丝线,然后用漆加以固定,笔杆上还有笔工"白马作"的落款,这支笔是典型的披注法的制作技艺。

"韦诞法"制作毛笔

汉末魏晋时期，真正的书法用笔，即"有心三副二毫"笔产生了。什么是三副？我们都知道有心笔，就是用较硬的动物毫毛做笔芯，在笔芯的外面用软毫裹一层，即为一副，二副也是用软毫做成笔柱，三副就是最外面的一层软毫，它就好像我们睡觉盖被子一样，古代人叫作被。其中二副相比三副特别短，这就和三副之间形成了一个空洞。这个空间就是储墨的地方，所以二副也叫墨池、承墨，"有心三副二毫"笔就是早期的兼毫笔，人们也把这种制笔方法叫"韦诞法"。因为，韦诞是"有心三副二毫"制笔方法的创始人。

韦诞是魏京兆（今陕西西安）人，他是曹魏时期（220～265年）的大书法家、文学家，而且擅长制造笔墨，常常以兔毛和青羊毛为主要材料。兔毫常用来做笔芯，而羊毫用来做被，一刚一柔的兽毛搭配制成，是上好毛笔的第一条件，纯刚、纯柔的，都不是好毛笔。

据记载，韦诞的制笔工艺过程为：选毛、拍毛、整齐、卷裹，然后分层均匀扎起，装入笔套等，这种制笔方法相比以前的制笔工艺有了很大的提升，而且一直沿用至今。韦诞做笔芯还有一个秘诀，就是宁可小、不宜大，笔芯小，笔锋就容易尖锐。

在古代，兔毛是人们制造毛笔的首选兽毛，而且一定要秋天的兔毛，最好就是农历八月的兔毛。这时，野兔为寒冷的冬天做准备，会换上新毛，所以此时的兔毛是最好的。但是，野兔毛也是有差别的，最上等的是紫色的，又叫紫毫，也有杂色的兔毫，比如说黑尖兔毫。软毛最常用的就是羊毫。羊身上不同的部位，毛的质量也不同，浙江湖州的羊毛，是很适宜做毛笔的。

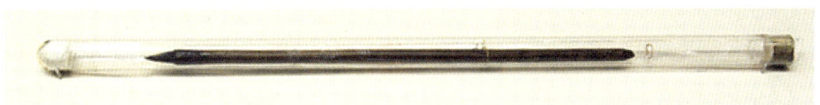

※ 西汉"白马作"毛笔

抗衡"韦诞法"的"诸葛法"

从汉末一直到宋代，"韦诞法"的制笔工艺独领风骚，终于有一天，一种制作简化的"散卓"笔开始与"有心三副二毫"笔抗衡。毛笔的历史悠久，但是毛笔的传统的制作方法，无外乎"韦诞法"与"诸葛法"，诸葛法制作的就是"散卓"笔。

所谓"散卓"，就是解散原来"韦诞法"制作的小笔芯，把中心的硬毛和一副、二副的软毛混合在一起，形成一个大笔芯，这样一来，二副就消失了，然后在大笔芯外面再加上一层副毫，一个笔头的制作就完成了。相比"韦诞法"的小笔芯，三重厚被，"散卓"笔的结构，是一芯一副，即芯大，被薄。这种笔在工艺制作上要简单得多，当时的苏东坡、黄山谷等名士，都开始试用"散卓"笔。现在市面上所卖的毛笔，大多数都是"散卓"笔。"散卓"笔的出现，凝聚了宋代宣州诸葛氏几代人的心血，因此也被称为"诸葛法"。

知道了毛笔的制作工艺，那么，我们如何挑选一支好毛笔？古人的经验告诉我们，一支好毛笔除了兽毛刚柔相济外，从书写效果来说，还要具有尖、齐、圆、健的特点。其中，尖，是指笔锋成尖锐状，而毛料必须根根挺直，不开叉，利于书写；齐，是指毛锋整齐，笔头饱满，吐墨均匀；圆，是指笔身须圆，笔锋要正，书写时挥扫自如；健，是指毛料之间贴衬得宜，健劲耐用，不脱散，有弹力，能显现出书写者的笔力。

PART 04
成就《兰亭序》的宣笔

一千六百多年前，在今天绍兴市西南约20公里的兰渚山下，有一座幽雅别致的古典园林，林中有一座古朴的亭子。相传春秋战国时期，越王勾践曾在此种植兰花，因此这地方被称为"兰亭"。

公元353年的农历三月初三，王羲之与当时的谢安、谢万、孙绰等名士及亲友41人，来到了兰亭。古朴的兰亭被崇山峻岭环抱，林木繁茂，竹林幽密，清澈湍急的溪流，如同青罗带一般环绕在周围，这一天天气格外晴朗，和风习习。名士们聚集在兰亭，看着秀水青山，心情快活极了。

在兰溪岸边，诸位名士尽情地享受着幽美的自然风光，他们围坐在曲水之畔，将盛有酒的酒杯放在水中，任酒杯顺水漂流，酒杯漂到谁的面前，谁便要饮酒作诗，凡是做不出诗的人，会被罚酒三杯，这就是曲水流觞。没有丝竹管弦的伴奏，大家只是随意地饮酒赋诗，在如此美妙的环境中，畅叙胸怀，进行着思想交流，令人陶醉。沉浸在诗酒的浪漫中，大家不忍归去。又玩了一天，终了，也不知是谁提议，把当日所做的37首诗歌，汇编成集，诗集取名《兰亭集》。一部众多名士写就的绝好诗集，怎能不写一篇序文呢？于是，众人一致推举王羲之为诗集撰写序文，五十岁的王羲之乘着微醉的酒兴，触景生情，联想起人生短暂，不禁感慨万千，立

✕ 宣笔

即拿起鼠须笔挥毫泼墨，一气呵成，写下了名噪天下的《兰亭序》。此序文笔优美委婉感人，尤其是书法堪称绝妙，成为千古绝唱，被称为"天下第一行书"。

王羲之的鼠须笔

对于成功，中国人自古讲究天时地利人和，《兰亭序》能成为千古绝唱，王羲之经年累月形成的深厚的书法修养功不可没。但是，王羲之到底

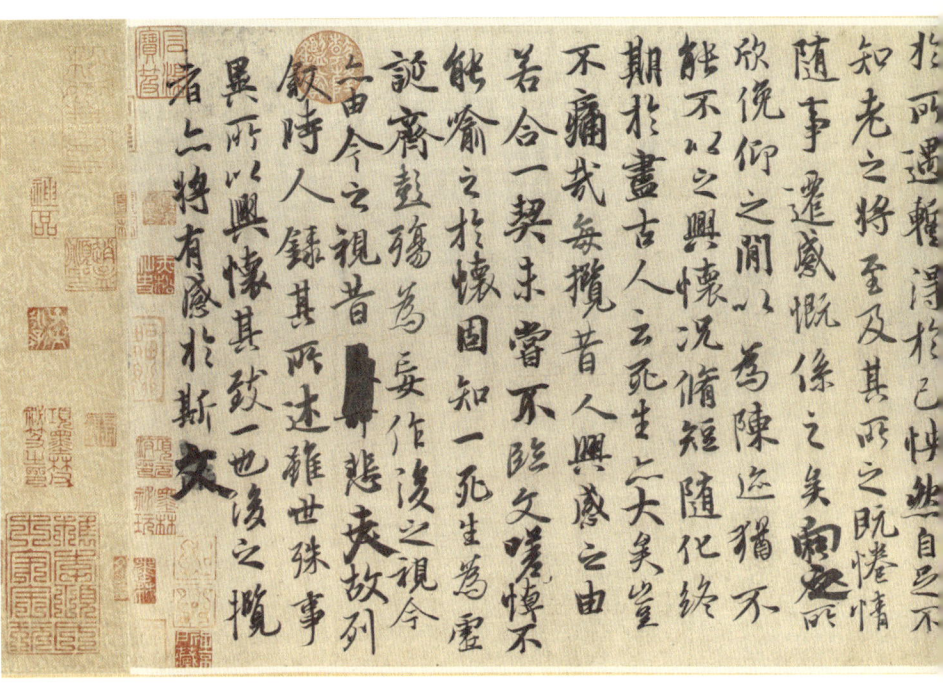

× 晋 王羲之《兰亭序》

用的是什么笔？鼠须笔。

说起鼠须笔，不得不提到"草圣"张芝。张芝不但是汉代的大书法家，也是制笔专家，鼠须笔最初就是张芝的杰作。生活在西域的张芝就地取材，收集老鼠的胡须做成了鼠须笔。这种笔锋芒强劲，写出的字遒劲有力。但是，王羲之书写《兰亭序》所用的鼠须笔，其实是一种兼毫笔，是在兔毫中掺加了一些松鼠的尾毛而成。

如今，王羲之用鼠须笔书写的《兰亭序》拓本依然是书法界的典范，但是由于年代久远，鼠须笔的制作技艺已经失传。而且，如今市场所售的鼠须笔，已徒有虚名，有人重金购买鼠须制成毛笔，发现其劲健与兔毫笔没有什么差别。

中国的毛笔虽然有几千年的历史，但是，细究起来无非是宣笔与湖笔的世界。元代以前，毛笔是宣笔的天下，而鼠须笔就是宣笔中的佼佼者。

被文人墨客追捧的宣笔

元代以前，宣笔一统天下。虽然在史前的彩陶花纹以及商代的甲骨文中可看到毛笔的痕迹，但是，迄今为止，人们没有见到这些朝代的毛笔实物，战国和秦国的毛笔实体在长沙左公山战国楚墓和湖北云梦山的秦墓中

✕ 宣笔

都有发现，通过比较可以看到，秦代的毛笔制作比战国时期已经有了很大的改进。区别在于，秦代的毛笔是将笔杆的一头挖空，然后将笔毛放在挖空的笔腔中，再用胶粘牢。汉代毛笔在笔杆上有刻字、镶饰的工艺，此时的毛笔已经很注重观赏性，有人把毛笔当作把玩的物件。

魏晋以后，笔毫的种类更多了，不仅用鼠须、羊毫、鸡毫、兔毫、鹿毫等兽毛，有人还用人的胡须、胎儿毛发等做笔。唐代，制笔业较为兴盛，安徽宣城成为了全国的毛笔制作中心，所产毛笔就被称为宣笔。

当时，宣笔被奉为贡笔和御用笔。许多文人墨客频频为宣笔挥墨咏赞，从唐代大诗人白居易的《紫毫笔》诗句："千万毫中选一毫"，可体会到宣笔的制作精良及笔工的辛劳。"毫虽轻，功甚重，管勒工名充岁贡，君兮臣兮勿轻用……紫毫之价如金贵……"从中可看出，名贵的宣笔在唐朝制笔业可是独占鳌头。据史书记载，唐天宝二年（743年），唐玄宗登楼阅览新潭、南方数十郡的特产，楼下陈列的众多特产中，宣笔赫然在列。文成公主出嫁时，也曾带了许多宣笔到西藏。日本奈良正仓院，至今还珍藏着唐代著名僧人鉴真东渡日本时带去的一支宣笔，这支毛笔一直被列为日本的"国宝"。开放的大唐，使得中国书法迎来魏晋书法后的又一个新高峰，因此对毛笔的性能和品质也提出了不同的要求，鸡距笔、羊毫长峰等应运而生。但无论哪种宣笔，都以制作精良著称于世。

到了宋代，宣笔更加出名，在制笔世家诸葛氏的努力下，出现了"无心散卓笔"。当时，宣城依然是全国的制笔中心，但是，周边的歙州（今歙县）、黟州（今黟县）、广陵（今扬州）也兴起了制笔。随着毛笔的改良，宋代的制笔向软毫、散毫等方向发展，中国的书法艺术以唐宋为一大分水岭，软毫笔的出现是根本原因。纵观中国书法历史，宋代的楷书不如唐代，而草书、行书却极具特色，这从苏轼、黄庭坚、米芾的书法中可见一斑。

到了宋徽宗时期，随着国家政治中心的南移，宣城的笔工大都为了生计到处流散，宣城笔业日渐衰败。与此同时，宣城以南的歙县、黟县等地的制笔业却在不断发展，到了元代，湖州、善琏的制笔业异军突起，湖笔后来者居上，一度替代了宣笔的地位。

中华人民共和国成立前，长年战乱，现代工业的冲击，人们书写方式的改变，使得中国的毛笔业一片凋零。中华人民共和国成立后，国家扶持建立了泾县宣笔厂，古老而名贵的宣笔又重新成了书画家们的"珍玩"，如今，宣笔的足迹已遍及日本及东南亚各国。

PART 05
湖笔走天下

　　后来居上的湖笔，自元代取代了宣笔的地位，成了中国制笔业的一枝独秀。在明朝时期，湖笔的制作技艺有了翻天覆地的变化，人们开始崇尚硬毫笔，笔头选料采用貂毫、猪毫等原料，笔杆也变得越来越奢华，檀木、花梨木、金、银、玉石、象牙等都成了制作笔杆的材料，此时的毛笔极具观赏性。从唐朝开始，毛笔就有了追求奢华的趋势，但到了明代，人们对毛笔奢华的追求，有过之而无不及。

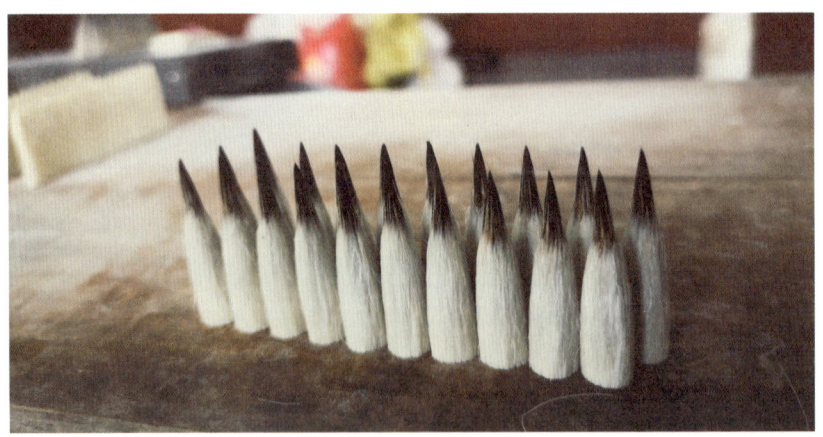

╳ 湖笔笔头

独占鳌头的湖笔

明末清初，中国的制笔业中心依然在湖州，但是，湖笔制作技艺开始走出安徽，走向中原地区，越来越多的人知晓了湖笔，加上优良的制作工艺，湖笔在中国制笔业独树一帜。当时，虽然也有产于湖南、江西一带的湘笔紧随其后，也有产于河北衡水侯马店的京笔异军突起，誉满京城，但是，湖笔统领中国制笔业的地位一直未曾撼动。

中华人民共和国成立前，毛笔的制作技艺曾遭遇了艺绝人亡的境况。但是，中华人民共和国成立后，毛笔生产获得了新生。湖笔生产规模一改过去零散的家庭作坊模式，成立了制笔工厂。21世纪初期，善琏建设了湖笔文化一条街，恢复了湖笔文化名胜古迹。到目前为止，仅善琏镇，一年的湖笔产量就达4000万支，产品出口日本、新加坡、马来西亚等众多国家和地区。

善琏蒙恬会

浙江湖州善琏镇，每年的农历三月十五上午，在震耳欲聋的锣鼓声中，制笔工匠们依次在三尊泥塑坐像前磕头跪拜，其中的一位神像头戴状元帽，身着黄龙袍，长须飘然，器宇轩昂，他就是笔祖——蒙恬（约前259～前210年，秦朝名将。曾率30万大军北击匈奴，收复河南，被誉为"中华第一勇士"，是中国西北最早的开发者。传说，蒙恬因嫌弃用竹签写战报很不方便，而发明了兔毛笔。又因相传蒙恬曾在善琏村取羊毫制笔，

✕ 善琏古镇

而被当地人奉为笔祖。）另外两个分别为蒙恬夫人卜香莲和蒙恬的儿子。全
镇的笔匠跪拜完毕后，人们还要将木雕的"行宫菩萨"抬着，绕善琏镇游
览一圈。在游行队伍中，前后有锣鼓队护卫，还有八面五彩旗迎风招展，
似乎是笔祖的威力在四处展现，神像游镇结束后，送回蒙公祠，戏班子就
开始唱戏，一直要唱到农历三月十六下午才结束。相传，农历三月十六是
蒙恬的生日，但是人们从农历三月十四就开始蒙恬会的准备工作了。这就
是历史悠久的善琏蒙恬会。

　　善琏蒙恬会，是湖笔行业最隆重的会市，而且在善琏，蒙恬会一年要
举办两次，一次是在农历三月十六，是大会，一次是在农历九月十六，这
天是蒙恬夫人的生日，是小会。蒙恬会虽然有大小之分，但规模不相上
下，更为难得的是，蒙恬会的所有费用都由笔工出资合力举办。在抗日战
争前，蒙恬会年年举办，抗战时因蒙公祠被毁而停止，抗战胜利后又恢复。

　　如今，蒙恬会不仅在善琏镇举办，凡是有湖笔业的地方都会举办蒙恬
会。为什么要举办蒙恬会？这是因为蒙恬笔祖是湖笔业的共同信仰，大家
对蒙恬顶礼膜拜。另外，蒙恬会实际上是一个民俗文化博览会，也是民众

的狂欢。蒙恬会举行之际，人流如潮，"行宫菩萨"所过之处，人们欢呼喧闹，热闹极了。如今，蒙恬会已与善琏人不可分割，祭拜笔神蒙恬是善琏人寄托平安、追求美好心愿的重要方式。

一边是传统思想的润泽，一边是湖笔走出国门，名扬四海，2006年湖笔制作技艺经国务院批准列入第一批国家级非物质文化遗产名录。在中国书画界，也有一种说法——"一部书画史，半部在湖州"。

一部书画史，半部在湖州

中国书画，是一门在毛笔笔尖上流动的艺术，湖笔，自宋元时期取代宣笔成为了中国毛笔的代表后，就一直与中国书画不可分割。

从古至今，湖笔一直都是由纯手工制作，毛笔虽小，但制笔却是一个系统工程。在善琏，有句俗语："毛笔一把毛，神仙摸不着。"而笔工做的就是"神仙摸不着"的理毛工作，一支湖笔从原料到出厂，都要经过择料、水盆、结头、装套、择笔、刻字等十二道大工序，而每个大工序，又可被分解为少则二三道，多至二三十道小工序。

一支毛笔主要是由笔头和笔管组成，制作笔头时，择料主要是将原料毛按长短、粗细、色泽、有锋或无锋等不同特点分成几十个品种，供制作不同种类、形制、品质的毛笔。想把自由生长的狼毫、兔毫、羊毛等兽毛做成蓄墨聚锋的湖笔，难度可想而知，小小笔头上的每一根毫毛都是"千万毛中拣一毫"。

"水盆"是湖笔制作工艺中，最复杂、最关键的工序之一，又称水作工。笔工将浸在水盆中的笔毛一一理顺，然后剔除无用杂毛、绒毛、无锋之毛等，并整理成半成品的笔头，再进行结扎，这就叫结头或扎毫。再用溶化的松香滴于笔头根部，使笔毛不易脱落。结头工序虽没有水盆那么复杂，但在整个过程中的作用也不能小觑，不仅要做到线箍深浅适当，捆扎黏合牢固，还要使笔头底部平整。笔头毛毫不齐是执笔人最忌讳的结头。

在制作笔管时，要按笔的品种规格要求，分类选出色泽、粗细、杆长一致的笔管，再进行挖孔，把结扎好的笔头安装在笔管中，然后为装好的笔配制笔帽，一支半成品毛笔就出现了。

但是，想要得到上好的湖笔，择笔的工序必不可少。择笔又称为修笔，是湖笔工艺中的关键技术环节。面对半成品毛笔，笔工还要进行最后检验、修整的工序。择笔一般要经过注面、挑削、择抹等工序，择抹是把笔头捻和成形的工序，行话叫"择三分，抹七分"。羊毫笔头要求的"光"和"白"，就是靠笔工手抹的技巧来实现，笔头的"圆"和"塌"，也是全

✕ 毛笔制作工艺

凭择笔工的手感进行修整。

对于一些名贵的笔杆材料，如湘妃竹、凤眼竹以及象牙、红木、檀木等，笔工还要进行镶嵌，使笔管造型更美观。并在笔管上刻上笔的品名和生产厂家的名号等。

湖州的笔厂里有很多白发苍苍的老人，他们都是从事了一辈子制笔工作的湖笔匠人，也是传承这项技艺的手艺人。

笔市与笔客

旧时，善琏东栅的万安坊是湖笔的交易场所，早晨的笔市是最热闹的。一大早，背着笔包的笔工和笔贩就来到万安坊。笔工们大都是自产自销，而笔贩则是先挨家挨户收购毛笔，然后拿到万安坊去卖，中间的价格差就是商贩们的利润。在这里，与其他自由市场不同，没有商贩们的大声喊卖，笔工和笔商都是在茶馆里边喝茶，边谈生意，经过一番讨价还价，价钱谈好，双方便可成交。

除过在笔市交易以外，还有上门兜售湖笔的人，他们是笔工兼笔商，俗称"笔客"。"笔客"一般都是老板，名下一般会有几名甚至更多的笔工在制作毛笔。笔客们带着自己制作的毛笔去各地兜售，出售的毛笔一般比起笔市的毛笔要好得多。

自古以来，船是水乡善琏的毛笔向外销售的主要交通工具，而且到了明代，出现了专门运笔的船——笔舫。如今，火车、汽车、飞机都是运送湖笔的工具，湖笔也走出了国门。

第三章

墨，
五色六彩的主角

在文房四宝中，墨是出现最早的，在毛笔还未出现之前，先民们就开始用墨着色了。从古至今，"墨"不仅仅是一种书写工具，也是构成中国文化的重要元素。另外，墨也被引申为"诗文或书画"，于是，人们常常把善于书写作画的文人称作"墨客"，文人的作品被称为"墨迹"，珍贵的字画则被称为"墨宝"。同时，人们形容一个人没有学问，就会说他"胸无点墨"等。

文房四宝　笔墨纸砚里的雅事

✕

PART 01
从天然染料到书写材料

在古代，带有神秘感的黑色深受夏朝人重视，此后秦汉时期的人们也很推崇黑色，墨色常常被用于器物与服饰的装饰，就连秦汉时期的建筑也是以黑色为主。文房四宝中的墨，不仅仅是一种书写工具，也是构成中国文化的重要元素。墨的雅称有：陈玄、玄玉、松煤、麝煤、珍煤、灶煤、书煤、松烟、黑蛟、翠饼、龙宾等。

中国古代文人认为，有佳墨者，犹如将领拥有良马一样，由此可见，墨与中国文人的关系非常密切，上乘的墨锭常常被古人冠以"金不换"的美名。然而，最早的墨，却是一种天然染料。

天然墨的代表——黑陶

6000年前的新石器时代，人们制作的罐、盆等陶器用具上，都可以看到墨的痕迹。追溯墨的起源，墨可以分为天然墨和人工墨。最早古人们使用的都是天然墨，包括天然的黑色氧化物和炭黑，炭黑就是用过的炊具如

✕ 黑陶

鼎、鬲等底部的墨烟。人工墨主要原料取自松烟，然后用动物骨胶等黏合在一起，最初用手捏合而成，后来用墨模制作，人工墨相对于天然墨，最大的特点就是墨质坚实。

1980年，考古人员在陕西临潼姜寨村的仰韶文化墓葬中出土了一套完整的绘画工具，其中的黑红色氧化铁矿石即是天然墨。山东省章丘市龙山镇的龙山文化遗址中，发现的色泽漆黑光亮、薄如蛋壳的黑陶是天然墨制品的代表。生活在距今四五千年前的龙山古人，黑陶的颜料从何而来？

原来，古人在陶器烧成的最后一个阶段，在地下或半地下的土窑中，投入大量的木材，然后盖上窑口，并将窑的四周也完全封闭。为了达到更好的密封效果，人们还会在窑外表抹上一层厚厚的泥巴，使窑室内的炉火与空气完全隔离。此时，窑内保持一定的温度，熊熊燃烧的大火因为缺少氧气而熄灭，那些尚未燃尽的木材，就会产生浓浓的烟雾。烟雾中的细小碳粒渗入窑内陶器的坯体中，等到一定时间，坯体就由内到外变成了通体的乌黑，此时烧制好的陶品表面附满了窑灰，再经过反复地清刷，就变成光亮乌黑的黑陶成品了。

墨，不仅仅是书写材料

殷商时期，随着文字的出现，墨也成为了甲骨文书写时的着色材料。

在中国古代，墨与人们的生活息息相关。有人触犯了法律，就会以墨刑处罚，即在犯罪人的脸上或身体其他部位刺字，然后涂上墨，使所刺的字成为永久性的记号。就疼痛感来说，墨刑虽然是最轻微的，但是这种刑罚施加于身体的明显部位，无法掩饰，给人带来巨大的精神羞辱。古代的人都讲究个人身体发肤受之父母，所以古人即使宁愿死，也不愿受到墨刑。因为一旦受过墨刑，一辈子都会被人鄙视、嘲讽，甚至会连累家人，因此，受过墨刑的人活着跟死了没什么区别。然而，这种刑罚在封建社会中沿用时间长达数千年，直至清末光绪三十二年（1906年）修订《大清律例》时才被彻底废除。

在古代，人们往往将细细的绳索用墨汁浸染，然后用墨线来确定木材的曲直，有了墨线的辅助，木匠裁木材就得心应手了，墨线是工匠们必不可少的工具。另外，在占卜中，墨龟也必不可少。巫师用墨在龟甲上画上图案，然后用火烤龟甲，根据龟甲的裂痕，确定吉凶。

幻想之墨： 松烟墨

西周时，中国开始出现了最早的竹、木简，墨的使用更广泛了，人工墨也出现了。当时的墨，没有固定的形状，人们将炭末与黏稠的粥拌在一起，随意捏成扁的、圆的墨块，晾干后使用。

秦汉至南北朝时期，人们利用松烟烧出的烟灰，再拌以胶制成松烟墨。松烟墨的质量远远好于石墨，但此时的墨，仍然没有固定的形状，而是做成小圆块，即墨丸。这种松烟墨丸不能用手直接研，必须用石头来磨研。西汉时期，虽然官府设置了有专人管理的制墨作坊，但墨仍然是用手捏合而成。

直到东汉时期，出现了墨模，较大体积的墨锭出现了。书写时，人们开始直接用手拿着墨研磨。1974年，宁夏固原的西郊出土了一块墨质坚实，

✕ 南越王墓出土了约4300粒圆饼形墨丸

外表有皱纹，形似松塔的东汉松烟墨，这为墨模的研究提供了有力的证据。

汉代时，扶风（今陕西宝鸡以及咸阳部分地区）、隃糜（陕西千阳县）、延州（今陕西延安）等地区是主要的产墨区，这些地方生长着大片大片的油松树，当地人就地取材，用油松烧制的颜料再添加上其他药料加工制成墨。其中以隃糜墨最为著名，是皇帝赏赐文人的佳品，因此，古人用"隃糜"代指墨。汉时统治者对墨非常重视，设置官员专门掌管墨的相关事务，并规定尚书令、丞相等文职人员每月可领一大一小两枚隃糜墨。

松树的树干有着丰富的油脂，非常容易燃烧，自古就是人们制作火炬的必选木材，用松烟制作的墨也是墨中的上品，古代的人们就是用采集的松烟来制墨。通常，人们会选择在大山的深处，树木茂密的地方，搭建起约18平方米的正方形空间，并依次排列直径为20或30厘米大小不等的火灶，越是小灶采集的松烟质量越好。

✕ 墨的原材料——松树

面对漫山遍野的松树，采集松柴也不是随意砍伐树木，而是非常讲究。有经验的人首先用锋利的斧子小心翼翼地砍一下松树，然后观察松树树脂的渗出情况，为了等待松树分泌出更多的松脂，常常需要耗费一年半载的时间。

　　砍下含有饱满松脂的松枝后，点燃的松柴也需要严格把关，一般用三至五根松柴慢慢燃烧。如果燃烧的松柴超过五根，火不容易燃烧起来，烟太大，煤烟就会变粗，而如果松柴在五根以下，则煤烟就会细腻很多。

　　在古代，墨是非常稀罕的物件，因为烧400公斤的松柴只能获得10公斤的松烟。如今，真正的松烟墨已是罕见的珍宝，因此有"幻想之墨"的称号。

PART 02
小小墨丸成就陆机的《平复帖》

在故宫博物院，有一副现存最早的传世墨迹——《平复帖》，其内容是写给友人的一个信札，字体为传统书体之一的章草，即早期的草书，其笔画中保留隶书笔法的行迹，上下字独立而不连写，其中有病体"恐难平复"字样，因此被称为《平复帖》。

现存最早的传世墨迹

《平复帖》在中国书法史上具有重要地位，这幅纵长23.8厘米，横宽205厘米的字帖，只有9行84字。距今1700多年的《平复帖》，尽管纸面损伤，有些字已无法分辨，具体内容也让后世书法家争议颇多，却仍被评为九大"镇国之宝"，有"法帖之祖"的美誉。这是为什么？原来它不仅是传世年代最早的名家法帖，也是历史上第一件流传有序的法帖墨迹。虽然古代中国书法家很多，如李斯、钟繇、张芝等，但均无可靠的墨迹流传。

根据董其昌、溥伟、傅增湘、赵椿年等人的题跋，《平复帖》在历史变

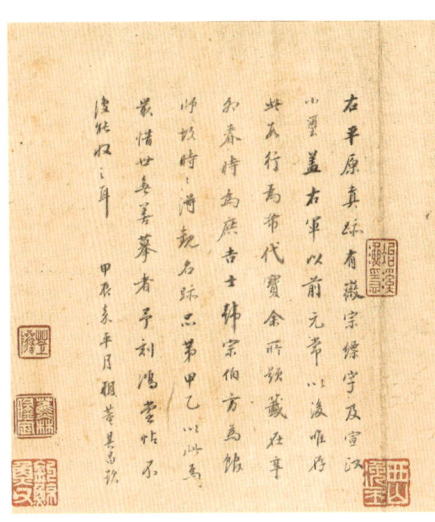

✕ 晋 陆机 《平复帖》

迁中的种种的经历一一展现在人们面前。《平复帖》在宋代是属于宣和内府，而到了明朝万历年间，又归韩世能、韩逢禧父子所有，后来，又归张丑所有。清代时期，经葛君常、王济、冯铨、梁清标、安岐等人之手进入了乾隆内府，而后，又被赐给皇十一子成亲王永瑆。到光绪年间，归恭亲王奕䜣所有，并由其孙溥伟、溥儒继承。

张伯驹不惜血本换回的古帖

这幅名贵的古帖——《平复帖》，最终收藏在北京故宫博物院，这一切，都要归功于大收藏家张伯驹先生。张伯驹（1898～1982年）一生醉心于古代文物，致力于收藏字画名迹，从30岁开始收藏中国古代书画的他，

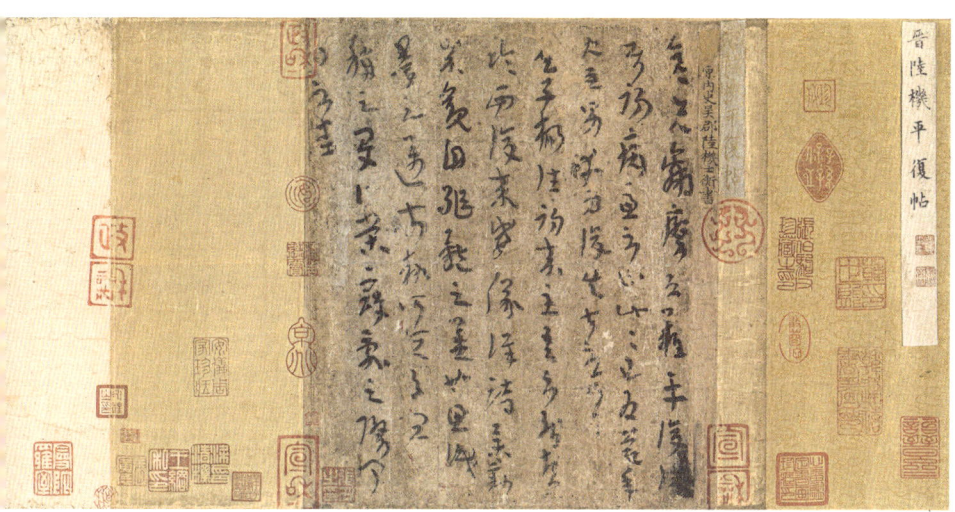

被称为"天下第一藏"。张伯驹在诗词、书法及戏剧等方面均有很高的造诣，是个不可多得的才子。同时，张伯驹也是国内外知名的大收藏家。但为了得到《平复帖》，张伯驹先生也是历经劫难，不惜血本。

当年，清朝覆灭后，恭王府的日子入不敷出，溥儒甚至都无法维持生计，为了筹集母亲的丧葬费用，便想着要出售《平复帖》。张伯驹得知消息后，就将收购《平复帖》的计划告诉给了曾任北洋政府教育部长的傅增湘。两位文人的惺惺相惜以及强烈的家国情怀，促使傅增湘义无反顾地充当了一次经纪人。

谈判之前，张伯驹反复对傅增湘强调："价钱上不要太和溥儒争执！"

傅增湘见了溥儒谈妥了相关事宜后，他伸出四个手指头对张伯驹说："他肯卖给你，但是要这个数。"

张伯驹咬咬牙说："行，四十万就四十万，我就是把房子都卖了，也得买下来。"

傅增湘笑着说:"没那么严重,四万!"

"啊?"张伯驹激动得几乎晕了过去,就在张伯驹为得到绝世之珍兴奋之际,日本人也打起了《平复帖》的主意。日本人勾结文物商人白景甫,对张伯驹先是重金诱惑,一向淡泊的张伯驹自然是无动于衷,于是,白景甫绑架了张伯驹。

一天,张伯驹走在大街上,突然,一个茶房伙计打扮的人上前拦住说:"张老先生,我们老板说有件东西请您过眼,请您过去一下。"给别人鉴赏文物张伯驹已不是第一次,所以他毫无防备地就上了一辆人力车。当绑架者索要三十万元,才会放了他时,张伯驹才明白这原来是一场阴谋。一身正气的张伯驹,说什么也不肯答应。

万般无奈之际,白景甫居然找上门来,告知张伯驹的夫人潘素,表示愿意帮助解救张伯驹,当然,解救的条件就是要得到《平复帖》。机智的潘素推说,她根本不知道《平复帖》在哪里,将白景甫打发走了。其实并不是她不知道,而是她太了解丈夫了。她知道,如果将《平复帖》交出去,张伯驹无论如何也不会原谅她。潘素去警察局寻求帮助,却无人愿意接受。后来,潘素却被匪徒引到张伯驹所在的"监狱"。此时的张伯驹已被折磨得面目全非,但他仍对妻子说:"记住,我手上的东西……一件也不能少,咱们的宝贝流失的太多了。"最后还是潘素用身上的金银首饰及细软买通了看守人,张伯驹终于安全地回到了家中。

很快,张伯驹舍命保护《平复帖》的事情就传开了,许多报纸也刊登了消息,盛赞张伯驹的善举,登门贺喜的人络绎不绝。然而,深明大义的张伯驹并没有把《平复帖》据为己有。1956年7月,张伯驹将《平复帖》真迹无偿地捐给了故宫博物院。历经风雨的《平复帖》,终于回到了故宫。

成就《平复帖》的墨

《平复帖》是章草的代表作之一，它与汉简有着不可分割的关系，但它又大大增强了点画的连续性，帖中还有不少字，把许多点画连为一笔，显示了用笔技巧的长足进步。因此，《平复帖》除了具有古朴、自然等气质外，通帖以秃笔枯锋写就，笔随势转，平淡简约，表现出作者随意洒脱、轻松自如、信手拈来的状态。中国古代书法历来有"藏锋"的说法，就是不让尖锐的笔锋过多出现，而《平复帖》可谓藏锋作品的范本。全帖彰显了中国文人的含蓄蕴藉之美，每一个字含而不露，犹如含苞待放的花朵。

如今，人们能欣赏到称奇绝世的《平复帖》，除了作者及保护者的功劳，魏晋时期的墨品也是功臣之一，历经千年的古墨，其墨色仍然不褪无损，墨色清晰，字迹可辨。魏晋南北朝时期，墨的制作工艺已走向了成熟，其中最著名的是就是兼书法家、制笔家、制墨名家于一身的韦诞，其制墨的方法得到后人推崇，享有"仲将之墨，一点如漆"的美誉。

✕ 制墨工艺木雕

韦诞继承了东汉时期的制墨工艺，即筛去制墨原料"烟灰"中的杂物，使其成匀细粉末状；然后把筛过的烟炱与胶、朱砂、麝香、涔皮等胶和辅料按比例匹配混合，再把配好的料置于铁臼中进行舂捣，而且舂捣次数不能少于3万下，越多越好，最后将舂捣过的墨泥，按要求制成成品墨。一块墨，由松烟变成墨锭，需要经过去杂、配料、舂捣、合墨等工序。其中，每年的二月和九月，天气不冷不热，是合墨的最佳时机，因为天热了墨容易变质发臭，天冷了墨块不易干燥。

　　最特别的是，韦诞在烟料中除了加入胶以外，还加入了鸡蛋、珍珠、麝香等制墨原料。韦诞的制墨方法开启了中国制墨工艺的先河，这也是中国制墨工艺的一大特色，虽然这样的做法加大了制墨的成本，但却提高了墨品的价值。

PART 03
名噪一时的"易墨"

　　如今的河北省易县是一个名不见经传的北方小城，但在古代南北朝文人的眼中，古易州，即今天的河北省保定市易县，可是无比神圣，因为这里生产的"易墨"曾闻名天下。晋代时，晋武帝提倡设立书博士，教导弟子学习书法，一时间学习书法成了非常时髦的事情。作为书法必不可少的墨，其制作技术也就有了很大的改进，墨的质量也得到了很大的提升，当时质量上好的佳墨，成了文武大臣进献皇帝的贡品、亲朋好友之间表达情意的礼物，也成了殉葬的物品。也正是这些古墓中的古墨，为后人追溯中国古墨的历史踪迹提供了线索与证据。东晋武将陶侃（259～334年），军旅生涯四十余年，送给皇帝珍贵的礼物，却是笺纸三千张以及好墨二十丸。由此可见，在古代中国，墨的社会地位和文化品位以及价值已不输金银珠宝。

　　到了南北朝时，"易墨"已崭露头角，当时的易州，坐卧易水的怀抱，古松树郁郁葱葱，因得天独厚的自然条件，当地人大都以制墨为业，易州所产的墨不但质量上乘，而且产量很大。易墨的名气在古代史书中屡有记载，而且由于其独特的技艺，形成了制墨业中的"易水法"。到了唐朝，易墨已成为了朝廷的贡品，民间的文人墨客更是以拥有易墨而自豪。

浆深色浓的易墨

古人多以墨色的光泽为品评墨质好坏的标准，宋代宋晁氏所写的《墨经》中记载，所有墨的色泽，紫光是最好的，黑光次之，青光又次之，但是光泽度与色泽，长久不变的墨才最珍贵。紫光书写榜书大字，是最佳选择；青光为冷色，在绘画山水、花鸟图案时用青光点缀，非常悦目，尤其在日本书画中，更为推崇青光。然而，易墨以黑而有光，即玄光为最好，因此，易墨还有个别称，即易玄光。

易墨最大的特点就是"浆深色浓"，写字绘画都美妙至极。今天仍可见到的唐拓，如敦煌莫高窟藏经洞的《柳公权书金刚经》拓本用的就是易墨书写的，其墨色依然深晰，拓字字口生辣，这充分说明当时易墨的质量已经达到很高的水平。

据记载，初唐时，易州（今河北易县）和潞州（今山西长治市）为制墨中心。唐明皇李隆基为了抄写四部书，命令专管皇室的库储出纳——太府，每季度供给抄写笔工们的"易墨"达三百六十丸。

说起易墨，不得不提到唐代著名的易州墨工——祖敏。祖敏曾被封为墨务官，主持全国制墨业的生产督理，同时祖敏也是制墨能手，祖敏通过研究朝鲜进贡的松烟墨的制作经验，多方取材，反复试验，采用古松烟与鹿角胶煎膏合成的墨质量绝佳，在唐代闻名于世，他所制的墨被后人称为"祖敏墨"。如今的易县墨，都要标上祖敏的名号，这也是受易墨的古制影响。

唐代的繁荣，加强了内地与边疆、中国与邻国的友好交往和文化交流。墨，作为一种高雅的文化精品亦流传四方。例如，文成公主远嫁西藏时，就带去了很多名墨和墨工；在新疆出土的唐代文物中，也有不少唐墨。另外同朝鲜、日本等国的交往，使墨也跟随大唐的使臣来到了域外。在日本奈良东大寺的正仓院至今仍保留着中国唐代的墨锭。众所周知，日本奈良东大寺正仓院的宝物，都是唐代传入日本的中国宝物或经由中国传入日本的西域文物以及奈良时代日本仿造的中国宝物。

据史书记载，易墨"光泽如漆，其力如玉"，在很长一段历史时期里，独领风骚，然而由于时代变迁，以及战事不断，留下来的资料很少。人们只能从一些留存的古诗中，搜寻易墨的制作方法。诗仙李白写过一首专为接受赠墨的诗《酬张司马赠墨》：

上党碧松烟，夷陵丹砂末。

兰麝凝珍墨，精光乃堪掇。

从诗句中，我们可以看出，当时的制墨原料有上党（今山西省晋中市东南部的榆社、左权一带和长治、晋城两市）的碧松与夷陵（今湖北省宜昌市）的丹砂，还有名贵香料兰麝。虽然易墨的具体做法，人们说法不一，但是正是易墨的优良品质孕育了之后的徽墨。

PART 04
战火造就的徽墨

　　"安史之乱"以后，大唐盛世从此走上了风雨飘摇的下坡路，朝廷的动荡以及战争烽火连年不熄，中国北方地区的人们长期处于恐惧之中，很多文人雅士向南方迁徙，北方的手工业逐渐衰败，一些传统的工匠艺人，为了谋生也纷纷逃到南方。此时，易水一带的制墨名工奚超，也携家人来到了长江以南的歙州，即今天的安徽歙县。

　　这里紧倚黄山，此处一带的松林非常茂密，而且新安江流域的水清澈见底，四通八达的水路是古徽州与外界交往的主要交通要道，但是外围崇山峻岭的阻隔，使得这里很少受到战乱的破坏。这是一个非常适于制墨的地方，奚超一家便定居下来，重操制墨旧业。以后，又陆续有墨工来到歙县，逐渐形成了一个新的制墨中心。

安史之乱

　　唐玄宗末年至唐代宗初年（755 年 12 月 16 日至 763 年 2 月 17 日），由唐将领安禄山与史思明发动的，同唐朝皇室争夺统治权的内战。这场内战导致唐朝人口锐减，国力衰退，是唐由盛转衰的转折点。

徽墨的诞生

定居下来的奚氏父子，结合当地制墨工艺，在易墨的基础上，改进了捣松、和胶、配料等技术，终于制出了"丰肌腻理、光泽如漆"的佳墨。奚超制成的墨受到南唐后主李煜赏识，赐国姓"李"，从此，奚超改名李超，所制的墨，被称为"李超墨"。古墨依据作用划分为御墨、贡墨、自制墨、珍玩墨、普通书写用墨、礼品墨、药墨七类。其中御墨为皇帝所用的墨，贡墨是供朝廷使用的墨。当时，李墨大多是作为贡墨。一时间，"李墨"名满天下。

"李超墨"不但坚硬如玉，使用寿命较长，而且棱角锐利，竟然可以用来裁纸，即使存放五六十年后仍然"坚如玉，其文如犀"，数百年后，研磨仍然有"龙脑气"。

后来，李超的儿子李廷珪，继承了父辈精湛的制墨技艺，并刻苦钻研，改进工艺，制成的墨受到文人的一致好评，最后形成了独领数代风骚的"歙州李廷珪墨"。当时，澄心堂纸、龙尾砚及李廷珪墨，合称为南唐

✕ 徽墨之美

"文房三宝"。"李廷珪墨"有"丰肌腻理、光泽如漆""坚如玉、纹如犀""天下第一品"等赞誉。到了宋代，李廷珪墨仍被作为宫中的必用物品，宋太祖及几代皇帝，凡写诏书必用李廷珪墨，一时，竟发展到"黄金易得，李墨难求"的状况，一枚李廷珪墨卖到一万钱。

宋太祖赵匡胤执政后，提倡以文治天下，于是派大量文臣管理地方事务，随之学校、书院遍天下，讲学之风也蔚然兴起，著书立说的人越来越多，作为中国文人案头必不可少的墨，需求量激增，这有力地促进了制墨业的发展，仅徽州新安一地就出现了"新安人人制墨"的崭新局面。宋宣和三年（1121年），歙州改名为徽州，李墨和其他墨匠们所制之墨，统称为徽墨。几千年过去了，时至今日，徽墨仍然是文房四宝中的至宝。

横空出世的油烟墨

誉满天下的徽墨，到了北宋时期，却遇到了大问题：千百年来，传统的烧松取烟制墨法，导致大片大片的松林被毁，松林已面临生不应求的境地。于是，当时制墨家发明了以取桐油、石油、麻油、脂油所燃之烟为原料的造墨法，油烟墨横空出世。在北宋，松烟墨与油烟墨共领风骚。

当时著名墨工张遇创制了油烟墨，在油烟墨中，以桐油制墨者居多，以桐树烧油取其烟质，再配上一定比例的麝香、冰片、梅片、金箔等药料加胶制成，张遇制作的墨，供宫廷御用。尤其是张遇制作的麝香小御团墨，经加工后，用作画眉，是宫中的专用品。

松烟制墨法是中国古代较早的制墨法，但是墨色较重，着水容易渗

✕ 古法制墨

化，书法作品不易使用；而油烟墨，墨边纯黑有光泽，新制作的墨胶质较重，较适用于作画，如延长一段时间使用，使用效果则更为理想。

在古代，人们往往在避风处筑一间或数间砖土房，然后在房间内环绕着墙建造阶梯式的水槽，在水槽的下方每隔一尺左右放置一盏油灯，油灯上覆盖瓷碗。通常墨工将桐油、清油或猪油放入油灯中点燃，数百只油灯燃烧，烟雾袅袅升起，凝聚于上方的瓷碗内壁，等待油灯燃烧约十分钟后，墨工用鹅毛刷轻轻地将碗壁表层的油烟刷到纸片上，凝结在最上层的碗中的烟叫"云烟"或"顶烟"，也叫"上烟"或"头烟"，这是质量最好的醇烟；凝结在中间碗中的烟为"中烟"，也叫"项烟"，属中品，质量低于云烟；凝结在最低层碗中的烟，离火最近，是末烟，也叫"身烟"，属下品。当时，每一斤油烟需耗费十几斤油料。

收集到墨烟后，人们常用筛选法和沉淀法进行处理。筛选法就是用细绢筛将油烟或松烟筛选出细净均匀的墨烟；沉淀法是将油烟或松烟放入水池中，久浸沉淀，上层细而匀是精料。处理后的墨烟，被分成不同的档次，然后加入鸡蛋白、鱼皮胶、牛皮胶等以及丁香、紫草、秦皮、苏木、白檀、苏合香、珍珠等香料、药材进行炼墨，也叫合墨，合墨一般在二月或九月进行。墨烟、胶与其他配料在墨匠的反复揉搓下，柔软又有光泽，有时候，墨匠还要使用木臼、石臼、铁臼来捶捣墨团达三万次。

古人制墨，历来是少而精。在如今，炼墨已是机械化以替代了人工，但制作高级墨时，人们仍然采用古老的手工方法。

墨团反复揉均匀后，裸露着臂膀的墨匠就把墨团分成小块放入铜模或木头模型中，压成墨锭。做墨锭时，温度也很关键，温度过高，墨团会变软，温度过低，墨团会变硬，为了保证墨品的质量，放入墨模的墨团需要保持与人的体温差不多的温度。

成型后的墨还有热气，有点像软糖，为了防止墨断裂或弯曲，这时候的墨还不能直接和空气接触，因此，人们常常在箱子里铺上2～3厘米厚的稻草灰。稻草灰具有较强的吸水性，可以起到干燥的作用，再在草灰上铺上纸，小心翼翼地把冒着热气的墨摆放在纸上。第二天，人们又要把草灰换掉，再铺纸摆上墨，就这样反反复复直到墨色固定，墨品不断裂、不弯曲为止。由于墨的大小不一致，定型的时间也不一定，小的墨品需要7～10天，大的墨品，则需要花费一个月的时间。在这一阶段，人们不能有稍许疏忽，每天得小心检查，保证墨与墨模的平齐，若有凸起部分，就得进行整型手术，俗称"修耳"。

接下来，墨匠们还要进行自然干燥，即把墨条用稻草绑紧吊起来，放置在通风处。这一阶段，大约需要2～3天。随着自然的风干，那些发生弯曲或断裂的墨就会被淘汰。一块墨从诞生到完全干燥，大约需要200～300天。一块墨品质量的好坏，完全取决于墨匠对火候、温度的掌握以及墨匠的耐心。

PART 05
艺术化的制墨利器——墨模

现在的人们对中国文人的文房四宝——笔墨纸砚，都渐渐疏远。尤其是随着墨汁的普遍运用，许多人以为以传统方法生产的墨块也该退出历史舞台。然而，在2007年秋季，中国嘉德拍卖会上，乾隆御墨在拍卖中拍出448万元的天价，"中国墨"昂贵的身价，令世界震惊。

天价御制西湖十景集锦墨

这是一套清朝乾隆时期（1736～1795年）的御制西湖十景集锦墨，所谓"御墨"，就是封建时代皇帝写字用的墨。中国几千年的封建社会，皇帝也有很多，为什么乾隆的御墨价值不菲，这与墨的发展历史有关。如今，唐宋墨已基本绝迹，明代墨又非常少见，清代的"康乾盛世"也是制墨的盛世。这一阶段，不但墨的品类繁多，而且观赏性极强。

"集锦墨"，就是以带有装饰性或礼品性的著名墨品组合而成的套墨，也称为"瑶画墨""豹囊丛墨"。集锦墨可分为三种情况：其一为相同名品的

✕ 胡开文制西湖十景墨

组合；其二为形式与图案各不相同的名品的组合；其三为形式相同而图案不相同的名品的组合。明代制墨名家汪中山始创的"集锦墨"，到了清代已盛行开了，"集锦墨"是中国墨由实用性走向观赏性的标志。

这套御制的西湖十景集锦色墨，刻画精美，共有十锭，每锭墨不但形状都不一样，有葫芦形、倭角长方形、圭形等，而且颜色各异，有红、黄、绿等色。更为神奇的是每锭墨品的正面分别刻有西湖十景，分别为苏堤春晓、曲苑风荷、平湖秋月、断桥残雪、柳浪闻莺、花港观鱼、雷峰夕照、三潭印月、双峰插云，其中双峰插云彩墨为两块，唯独缺南屏晚钟。但这并不影响这套佳墨的观赏价值，十锭墨品各有千秋，光彩至极。

中国的集锦墨有许多，这只是其中的一款，但从中可以看出，古代制墨已不仅仅是在墨体本身，更在制墨的形制中凝聚着设计者的无限巧思，而设计者的无限巧思就体现在墨模上。

精琢细雕成一墨

墨模,又叫墨印、墨范,它是制墨的辅助品。然而,正是墨模使得原本黑漆漆的墨有了山水灵气,墨模就是中国文人的生活情趣和理想生活的体现。墨模自从东汉出现以来,就与雕刻艺术密不可分,后来随着中国文人的不断催化,墨模雕刻更是集诗、书、画三位一体。墨模的发明,一方面使墨的形制趋于规整,另一方面使墨的密度和硬度增大,提高了墨的质量。

墨模大体分铜版和木版。一般来讲,明代以铜版为主,清代以木版为主。两种原料各有千秋,铜版质地坚硬,雕出的图案与字体显得非常规整,制成的墨给人"锋棱峻整、坚劲犀利"的感觉。而木版模一般用的是石楠木,也有用棠梨木,即杜梨木,这些木头虽然质地坚硬,但相对金属

※ 墨模制作工艺

质地的铜版墨模，木版更容易雕刻，可以随意雕出纤细的线条。但美中不足的就是制成的墨纤细有余，而峰棱坚韧不足。

墨模式样很多，有圆形、方形、长形、人形、鸟兽形、钟形、壶形等，有的还以亭、台、楼、阁为形。因为墨的尺寸不大，所以要表现人物、鸟兽、山水、花卉等丰富的图案，就要求雕刻墨模的技法十分精细，墨模的雕刻技法有线刻、浮雕、圆雕等，繁杂丰富的图案显示了墨品的精绝。

通常，墨工根据自己的需要设计出墨模的尺寸，再根据墨模大小形式套在竹纸上的格子里，由书画家在固定的格子里绘画，或者墨工自己缩小临摹书画作品，然后再将原图拓印在墨模板上雕刻。墨模的木刻刀口是尖底的，墨模必须将阴文底刮平，而且要求特别精细，不可疏忽。一般一个雕工会准备200余种刻刀。

制作墨模，无论是材料的选择，还是用时、构思，都需要很高的成本，因此，一块墨模的精巧程度，可以体现制墨家的家底与财富。据记载，清代著名制墨家程一卿"才传墨法五千杵，已失家财十万金"，其中大部分钱财都用于制墨模上。

墨模的发明与发展，孕育了佳墨名品的出现。墨品，即是墨的品相、品格、品类，代表和反映了墨的等级和名分，不同的墨品，价格相差很悬殊。从明代开始，墨有了墨品区分，各个制墨名家，为了使自己制造的墨上档次、有名气，努力创造出自己独有的墨品。墨品可以是单锭墨，也可以是集锦墨，但清代以后，则是以集锦墨为主。

PART 06
别开生面的墨汁

几千年来，中国文人对墨珍爱至极，尤其是研墨的过程，便是主人静心修身的过程，有句俗话"人磨墨，墨磨人"，就是说研墨时，心要趋于清静，研墨的过程是创作构思的过程，亦是修身养性的过程。

磨墨是有讲究的

通常，古人首先要打墨，把墨拿到手里敲打几下，听一听声音是否清脆，凡声音清脆者，墨的质量一般都好，上砚的声音也轻，磨在砚上也不起泡。然后要观察墨条的质地，凡是质地细润的墨，其横断面犹如镜面，绝无砂眼，坚细的墨拿在手里有分量，磨出来的墨颗粒才细洁。

名贵的墨香味浓郁，颜色黑亮，以黑得泛紫光、绿光为最好，其次是黑光或蓝光，白光最下。另外胶质要适中，胶质太重粘笔，太轻则不浓。"坚而有光，黝而能润，舐笔不胶，入纸不晕"是断定墨好坏的标准。按照传统，好的墨面往往印有"清烟""顶烟""贡烟""紫玉光""苍龙珠""宝翰凝香""千秋光""十万杵""五百斤油"等字样。

　　古人开始磨研墨时，必须将砚池洗的一尘不染，为了保证墨汁的纯正，一定要加入清水，加水多少也极为讲究，一次不宜过多，以免将墨浸软，或墨汁四溅，以逐渐加入为宜。然后左手垂直地把握着墨锭，俗话说"心正墨亦正"，持墨若不正偏斜，既不雅观，磨出的墨也不均匀，磨墨时用力过轻过重，太急太缓，墨汁肯定粗糙不匀。用力过轻、速度太缓，浪费时间且墨浮；用力过重、速度过急，则墨粗而有泡沫，颜色也没有光泽。正确的方法应该是"指按推用力"，轻细、平均地用力，沿砚池顺时针或逆时针方向慢慢地转圈磨研，磨到墨汁浓稠为止。

　　古人最忌讳的是，斜研或两头研。研完后，要把墨上的水擦干，放进盒子内或包在纸上让其自然阴干。墨要现磨，磨好了而时间放得太久的墨称为宿墨，宿墨一般是不可用的。但也有画家喜用宿墨作画，那只是个别的。

✕ 研墨

落榜考生发明的墨汁

　　墨锭从东汉年间（25 ~ 220年）一直伴随着中国文人，然而到了清朝同治年间（1862 ~ 1874年），安徽一个进京赶考的文人谢松岱，改变了几千年中国文人使用墨锭的传统。这是怎么回事呢？原来，100多年前，谢松岱进京赶考，然而却名落孙山，谢松岱总结考试失利的原因，认为是因为研墨太浪费时间，耽误了答卷。对古墨颇有研究的谢松岱思索着，如果能够制造出一种墨汁直接用于书写，既省时又省力，那不是让天下的文人都受用吗？于是，经过多次试验，他最终选用油烟，再加上其他辅料，制成了同墨锭相媲美的墨汁。墨汁一经上市，就很受文人墨客的喜爱。

　　谢菘岱当机立断，于同治四年（1865年）在历史悠久的北京琉璃厂44号开设了第一家生产经营墨汁的店铺，墨汁店堂前是一副藏头楹联："一艺足供天下用，得法多自古人书。"上联"一艺足供天下用"抒发了店主人独

╳ 墨汁

创墨汁的自豪；下联"得法多自古人书"表露了他不忘前辈的自谦。谢菘岱信手拈来，取楹联头字，称此店为"一得阁"，并亲手书写牌匾，悬挂于门前。至今，在北京琉璃厂东街仍可以看到这块牌匾。后来，谢菘岱去世后，将店铺传给学徒。"一得阁"生产经营规模不断扩大，在天津、上海、西安、郑州等大城市先后开设分号，买卖更加兴旺，人们也越来越习惯用墨汁了。

质量上乘的墨汁颗粒细、颜色黑又亮，亲和力强，这主要取决于墨汁的主要原料：墨灰和骨胶，墨灰品质的好坏直接影响着墨汁的质量，墨灰可以从松烟、桐油烟、沥青、煤油中提炼出来，品质较好的墨汁都是用松烟和桐油烟墨灰制成，如"一得阁"墨汁。

俗话说："无胶不成墨"，墨汁中的骨胶是由动物骨头经过炼制而成的，骨胶可以调整墨的浓度、亲和力。通常，人们将定量的骨胶、纯碱混合在一起，利用蒸汽将骨胶与纯碱融化，再加入定量的开水和墨灰搅拌制成墨膏。搅拌好的墨膏放入压机压碾，当墨膏变成颗粒细腻的墨粉时，再兑水进行搅拌，然后加入樟脑油、太古油和克利砂搅拌均匀，沉淀 3 ~ 5 天就是成品墨汁了。

大多数人都认为墨就是漆黑一团，但在中国文人的思想里，墨有墨"彩"，中国画讲究墨分五色，即"焦""浓""重""淡""清"五种墨度，中国文人运用水墨的浅深浓淡来表达各种事物所具有的光与色，也抒发着自己的喜怒哀乐。

✕ 墨

第四章

纸，
最具生命力
的文房四宝之一

众所周知，纸、指南针、火药、印刷术
是中国古代的四大发明。其中，纸张的出现，
结束了人们在岩石、甲骨、青铜器、兽皮、
竹简、丝帛上书写的历史。用纸张书写不仅
造价低廉，而且轻巧易携带，极大地方便了
信息的储存和交流，对于促进古代文化的传
播与发展，具有划时代的意义。

文房四宝　笔墨纸砚里的雅事

✕

PART 01
纸的真正诞生

在造纸术未发明以前的漫长岁月中，人类的祖先总是想法设法找一些东西来起到类似纸的作用。比如，远古时期，人们曾经用"结绳记事""刻木记事"的方法记住发生过的事情，在新石器时代，居住在陕西西安半坡村的先民们，就在陶器上刻画了许多了神奇的图画符号，这是华夏文化的最早记录。到了殷商时代，比较有规律的文字被镂刻在龟壳背部和腹部，还有牛、羊、猪、鹿等兽类的肩胛骨上。无论是龟甲还是兽骨，都比较坚硬，而且这些东西相比陶器较容易找到，比烧制陶器也更节省时间。甲骨文的出现，是中国文字的真正起源。

与此同时，殷商时代的人们还曾在青铜器上铸刻文字，即"金文"，毛公鼎、何尊等所铸刻的文字都是研究中国历史不可或缺的金文。在春秋战国时期，古人盛行在石头上刻写文字。这种笔画劲直、匀称的石鼓文，虽然为数不多，但却被历代书法家奉为圭臬。

无论是远古时期的绳子、木头，还是后来的兽骨、青铜器、石头，它们都是人类祖先在历史长河中努力寻找的记事载体。

然而，随着社会的不断发展，文字在人们日常中的使用越来越广泛，甲骨文、金文、石鼓文，由于书写困难，已经不能满足人们的需要。先民

们在生活中采用了竹木质地的新型材料，然后用毛笔蘸上墨汁写字。从战国时期到魏晋时期，竹木简一直是中国古代的书写载体。遍地的竹木，不但取材容易，制作也简单，书写比兽骨、青铜器、石头方便多了，而且也易于保管。

但是，一枚竹木简最多可写8～14个字，因此，一篇文章往往需要好多枚竹木简才能写完。大量的竹木简无论是制作还是搬运都不是一件容易的事。当时，秦始皇每天批阅的竹木简就达120斤。西汉时，文学家东方朔献策于汉武帝的一篇文章，竟然用了3000片竹简。这么多竹简，即使是两个身强力壮的武士抬着也吃力。汉武帝把这些竹简一一看完，则花了足足两个月的时间。

当然，在同一时期，古人也有在蚕茧丝制作的丝织品——缣帛上书写

✕ 竹简

文字的。缣帛因质地柔软、平整，不但可以随意裁剪，而且有易于折卷成束，也便于展开阅读，只是缣帛价格昂贵，不是一般人能用得起或者随便用的，它成为了一种高贵高雅的书写材料。从此，"卷"成了古代书籍和书写内容的量词，一卷大体相当于现在的一篇或几篇。不过，几百年后，这种价格昂贵的缣帛被一种物美价廉的书写材料替代了。

在中国古代先民们千方百计地寻找优质的书写材料的同时，非洲古埃及人发明了莎草纸，美洲古印第安人创造了阿玛特纸，古印度人也曾在贝多罗树叶上刻写佛教经文，还有居住在底格里斯河和幼发拉底河的古苏美尔人曾在黏土上刻画楔形文字。公元前2世纪，欧洲人开始用羊皮当作书写材料，然而，一本书就需要屠宰一群小羊，而且整本书重量也不轻。

纸的雏形： 西汉纸

1957年5月8日，距离西安市25公里的灞桥，砖瓦厂的工人正在挖土，在厚厚的黄土层中，意外地发现了一个洞穴，随着工人的进一步挖掘，大家才发现，这个洞穴是一座石墓。考古人员闻讯赶到现场，经勘测，确定这是一座公元前140年～公元前87年的西汉古墓。考古人员小心翼翼地清理现场，却是一无所获。就在这时，他们意外地发现了一面三弦纽铜镜，经仔细观察，铜镜下有一沓浅褐的片状物体。满心疑惑的考古人员用竹签小心翼翼地剥开这些片状物，大大小小共88块残片，呈现在人们眼前，其中最大的一片长宽各约10厘米，最小的一片面积约12平方厘米。后来，这些发现于灞桥的片状物，被考古人员命名为"灞桥纸"。

英文中，纸的单词为paper，来源于希腊语"纸莎草"（Papyus）一词。纸莎草是一种生长在埃及的植物，纸莎草富含纤维的茎高达3米多，粗细与人的手腕相当，用纸莎草为原料制造出来的书写材料就是纸莎草纸。

古代希腊人、罗马人以及埃及人常常剥去纸莎草的外皮，将剩余部分割成薄片，放入水中浸泡几天，捞出后用木槌敲打，压去水分，重复多次后，人们把草片两端切齐，一条条横向并排铺开，然后用石块压紧，挤出糖质黏液，使草片相互黏结起来。晾干以后，用象牙或者贝壳磨平草片的表面，就成了纸莎草纸。

在古埃及，纸莎草纸是神职人员的专用品，多用来抄写宗教文献。后来，纸莎草纸才成为了民间传播信息的媒介。公元8世纪前后，纸莎草纸的制作方法传到了古希腊和罗马。因此，许多人都认为纸是埃及人发明的。

1877年，考古学家在埃及费雍等地的石墓中发掘出一批写在莎草上的文书，并对这批古物作了显微镜分析和化学分析，确定这批古物为公元874

✕ 西汉纸

至公元909年的植物纤维。这样，西方人更坚定地相信纸是埃及人发明的。

关于纸的起源问题，中西方的争议一直没有停息，直到"灞桥纸"的出土，欧洲人才相信造纸术产生于中国。灞桥纸就是西汉纸，是世界上现存年代最早的麻类纤维纸。至于埃及莎草纸，只是将植物的纤维剖取黏压而成，这与植物纤维经过化学过程而制成的中国纸完全不同，因此莎草纸并不是完全意义上的纸。

1965年10月，著名科学技术史专家潘吉星先生协同四川大学生物系的专家对灞桥纸进行分析，发现灞桥纸的原料——大量大麻纤维及少量苎麻纤维，这些杂乱无章的纤维长度很小，平均只有1毫米左右。而且这些纤维细胞壁有起毛、撕裂、分丝等现象，这样的帚化纤维只有在制浆造纸过程中才会出现。

西汉时期，聪慧的中国古代人发明了"灞桥纸""中颜纸"等利用植物纤维制造的纸，这些纸虽然质地粗糙，至今未见到有书写的痕迹，却也开创了人类历史上造纸的先河。公元前203年，张良围困项羽于垓下时，曾以纸制风筝为信号，指挥各路军马进攻。项羽无奈，南逃乌江边，拔剑自刎。但是西汉纸纤维组织松散，分布也不均匀，还不能作为实用的书写材料。

中国传统的皮影戏就是起源于西汉，当时，汉武帝的宠妃李夫人病逝，武帝思念心切，为了解除汉武帝的思念之情，大臣李少翁就用纸剪成李夫人的形象，每天晚上在帐内点燃灯烛，李夫人的影子就投影在帐上。汉武帝在帐前观看，仿佛看到爱妃的影子在帐内活动，心里颇感安慰，这便是纸在艺术上的最早运用。西汉纸是纸的雏形，为后来发明能书写文字的纸开创了范例。

横空出世的"蔡伦纸"

到了东汉前期，纸作为书写材料和竹木简牍、缣帛相提并论。汉武帝从长安迁都洛阳时，就曾运载了帛、简、纸书约两千车，由此可见东汉时纸已正式进入书写领域。但是，当时缣帛比较贵重，纸比较粗糙，在士大夫中，纸被认为是一种不高雅的书写材料，多为家中贫困者及下层人士使用。

出人意料的是，主持皇宫中制造御用器物的大臣蔡伦（61？～121年）制造了一批纸，这种纸不但细密、体轻、质薄、均匀、有韧性，而且成本低廉、耐用、易于书写。蔡伦将纸造出后，就立马向皇帝报告，得到汉和帝的赞扬。从此，蔡伦的造纸术闻名天下，人们都开始使用蔡伦造的纸，这种纸被称作"蔡伦纸"，于是，人们尊称蔡伦是造纸的祖师爷。

蔡伦在总结了前人造纸经验的基础上，带领工匠们将树皮、废麻头、破布、烂渔网用清水浸泡一段时间，除去杂质后，再捣烂成浆状物，配以浆液，用竹筛过滤去水分，压平晾干，制作成纸。蔡伦还用麻（一种草本植物，有大麻、苎麻、亚麻、苘麻多种类）制成了麻纸，用树皮制成了谷纸，用旧渔网制成了网纸。

然而，东汉时期政治复杂，在党羽斗争中，蔡伦最终服毒自杀。蔡伦去世约80年后，东汉有一位书法家左伯制造出了洁白、细腻、柔软、匀密、色泽光亮的纸，人们称这种纸为"左伯纸"。"左伯纸"深受书法家、画家喜爱。左伯的家乡，东莱（今山东莱州）一带不但成了纸的重要产地，而且还生产出一种小幅、精制的、饰有花纹的专用信纸——五色花笺纸，五色花笺纸是我国使用信纸的最早纪录。

PART 02
不断发展的造纸术

　　远古时代，中国人就已经懂得养蚕、缫丝。黄帝的妃子——嫘祖，用灵巧的双手教先民们养蚕，中国是世界上第一个饲养家蚕和制造丝绸的国家。到了秦、汉时，丝织业已颇有规模。汉武帝时，一年就能从民间征收到500万匹的绢帛。据推算，这么多的绢帛至少要用两吨鲜茧才能生产出来。西汉时，人们用上乘的白色蚕茧制造丝绢，而有虫眼、泛黄的次茧用来制作丝绵。作丝绵时，人们把煮过的蚕茧放在竹筐内，用河水冲洗干净，边冲边捶打蚕茧，直到成烂泥为止，晾干后，一块丝绵就制成了。人们将丝绵从筐上取下来，筐的平面部分会残留一层丝般的薄片，剥下晒干就成了一张絮纸，这就是"漂絮法"。

　　受漂絮法的启示，智慧的中国先民们在经历了用甲骨、简牍及缣帛书写的过程后，发明了由廉价的植物纤维改良而制成的纸。苎麻和大麻的纤维，用木棒击打后，很容易分散，是造纸的好原料，中国是世界上最早种植使用麻类植物的国家。丰富的麻类植物纤维以及早期出现的制造丝绵的方法，为中国人制造纸创造了先决条件。

　　自从汉代蔡伦发明了植物纤维为原料的造纸术以后，从汉代到清代智慧的中国古代人在此基础上发明了棉纸、麻纸、剡纸、鱼笺、茧纸、皮

✕ 棉纸制作

纸、宣纸、竹纸等纸品。清代主要制造仿古纸，各种前朝的名品纸品几乎都被仿制。从清代开始，宣纸由于青檀皮的不同比例，有了净料、棉料、皮料之分，也有了生宣、熟宣之别。1915年，巴拿马国际博览会上，宣纸还曾获得金质奖章。当时的宣纸不仅供应中国市场，还远销南洋及日本等地。然而，在中华人民共和国成立之前，发明了纸的中国，大宗用纸竟然依赖于进口洋纸，这是历史给中国上的一堂教育课，值得世人反思。

中华人民共和国成立后，中国政府在各地兴建造纸厂。如今，中国的纸张不仅完全满足了国内需求，还出口亚、非、拉十多个国家和地区。尤其是巨幅宣纸的生产，中国更是独树一帜。

延续上千年的造纸工艺流程

历史上关于汉代造纸技术的文献资料很少，已经很难了解其完整、详细的工艺流程。不过可以肯定的是，造纸技术在不断发展，凝结了中国人的智慧和汗水。

在造纸术发明的初期，造纸原料主要是树皮和破布。当时的破布主要是苎麻和大麻。而我们现在最常见的棉则是东汉初年，与佛教同时从印度传入的，直到东汉后期才用于纺织。当时的造纸术尚处于初期阶段，工艺简陋，所造出的纸张质地粗糙，表面也不甚平滑，还不适宜于书写，一般只用于包装。

直到东汉和帝时期（89～104年），经过了蔡伦的改进，才形成了一套较为定型的造纸术工艺流程：

第一步，原料的分离。用沤浸或蒸煮的方法让原料在碱液中脱胶，并分散成纤维状；

第二步，打浆。用切割和捶捣的方法切断纤维，并使纤维帚化，而成为纸浆；

第三步，抄造。把纸浆渗水制成浆液，然后用捞纸器（篾席）捞浆，使纸浆在捞纸器上交织成薄片状的湿纸；

第四步，干燥。把湿纸晒干或晾干，揭下就成为纸张。

虽然，随着时代的变化，科技的发展，造纸工艺也在不断地完善和成熟，但这四个步骤基本上没有变化，即使在现代湿法造纸生产中，其生产工艺与中国古代造纸法仍没有根本区别。

造纸，南北工艺各不同

魏晋南北朝（220～589年）虽然只有短短的369年，然而这段动荡的历史时期，却是中华民族在语言、思想上的大融合，也是文化艺术齐头并进的时期，造纸业有了迅猛反展，中国古人发明了异彩纷呈的造纸技术，各种材质的纸争奇斗艳，也打开了我国造纸术外传的新纪元。

晋代（265～420年），人们创造了将一活动竹帘放于框架之上，可反复捞取成千上万张湿纸的新设备，造纸原料也逐渐增多，纸的产量和质量不断提高。从此，造纸有了南北区域的差别。当时流行一种至今仍被人们所效仿的帘纹纸，这种纸是用竹帘捞取，纸呈现出明显的纹路。而区分南、北方造纸工艺，就是观察纸的纹路，通常，北方人用横帘造纸，纸呈横纹；南方人则用竖帘造纸，纸出现竖纹。

当时，在南方还有一种侧理纸，它是以丰富的水苔（水草）制作而成，纸面上纹理纵横交接，斜侧错落，也称为苔纸或苔笺，这种纸被当时宫廷所用，是皇帝的赐物。造纸术由洛阳传到江南，浙江会稽、安徽南部、建业（南京）、扬州、广州等地成为造纸中心。

晋朝时，在剡县（今浙江嵊州市）剡溪（即曹娥江上游），人们还发明了剡纸，这种纸以当地生长着的一种茎不能直立、匍匐于地或攀附他物的野生植物野藤的藤皮作为造纸原料，又利用清澈的溪水制作而成，剡纸的纸张特点是薄、韧、白、滑，有"剡纸光如月"的美誉。制作剡纸时，由于剡藤的纤维又长又柔韧，必须捣烂才能成为上好的造纸原料，于是，人们只能用木锥，像剁肉泥一样捶捣剡藤。寒冷的冬季是制作剡纸的最佳时节，因此，剡纸也叫敲冰纸、硾纸，这是西晋用树皮造纸最为考究的一个品类。

除此之外，江南一带大片肥沃的土地被开垦种植，加之南方温润的气候特点，许多地方种植水稻和小麦，当地人便开始将稻草、麦秆纤维制造成了草纸，也有人称之为土纸。以农耕为基础的古代中国，这种纸的原料资源非常丰富，很容易获取，而且其蕴含的纤维又短又细，非常容易打成浆，所以千百年来，人们均以此作为造纸的主要原料。然而，这种纸呈黄色，质地也比较粗糙，不能作为书写的材料，大多用来包装或供卫生之用。

另外，南方的古郡（浙江东阳），拥有丰富的渔业资源，人们利用鱼卵制作出一种叫鱼笺的纸品。人们还发明了纸质白细且有光泽，纤维犹如蚕丝交织的茧纸。茧纸颇有名气，据说晋代大书法家王羲之流芳千古的《兰亭序》就是用茧纸所写。鱼笺、茧纸都是纸中珍品，深受书法家喜爱。

在晋代，虽然南方的造纸技术丰富多彩，但是北方的造纸业也不甘落后。当时的北方人，多以桑树的茎皮纤维制造纸，这种纸因质地优良、色泽洁白、拉力强、纸纹扯断如棉丝，因此，又称为棉纸。在晋代，文人名士最喜欢用的就是棉纸。

走向世界的造纸术

随着晋代造纸工艺的不断发展，中国的造纸术也首先传到了朝鲜、越南，这为传播中国文化奠定了基础，也促进了人类社会的发展。当造纸术传到朝鲜时，聪明的朝鲜人不但掌握了用麻、茧等原料造纸，还新创了用木棉为原料造纸的方法。此方法制造的纸，洁白如玉，坚韧如缣帛，而且发墨性极好，这就是久负盛名的"高丽纸"。在唐朝，"高丽纸"又作为贡纸进入中国，厚实挺括、适合书写各种文字的"高丽纸"，深受中国文人喜欢。

中国造纸术传入越南更早，据史书记载，大约在西晋以前，造纸术就已传入越南。610年，朝鲜的僧人昙征又将中国的造纸术传入日本，因此，日本人称昙征为纸神。造纸术在日本飞速发展，到了盛唐时期，日本的造纸水平已不容小觑，就连唐朝的皇帝都喜欢使用日本纸。9世纪，中国的造纸术传到了非洲，11世纪又传入西班牙。1150年，西班牙在萨地瓦创立了第一个造纸作坊。13世纪，造纸术传到了意大利，14世纪，中国的造纸术在欧洲已非常流行。当时，法国也建立了造纸作坊。

至今在法国的安贝尔市郊，还有一个古代中国的造纸作坊，在这里，人们多用手工或原始的水轮、木槌、石臼等设备造纸，制出的纸张质地粗糙，薄厚不均，但游客仍争相购买。

中国纸来到欧洲以前，欧洲人经历了把文字书写在石头、蜡板、纸草、羊皮上的漫长时期。当时的贵族人多用羊皮书写，但是羊皮又重又贵，并不是理想的书写工具。然而，中国纸的到来，无疑让欧洲人惊奇不已，造价低廉又携带轻巧的纤维纸，成了欧洲人满意的书写材料。从此以后，欧洲文化发展以更快的步伐向前迈进。

PART 03
千年寿纸——宣纸

2009年10月，宣纸被联合国教科文组织列入人类非物质文化遗产代表作名录，宣纸又一次被更多的人熟知。据测试，新闻纸的寿命是150年左右，书写纸的寿命是400～500年，铜版纸的寿命约700年，而宣纸的寿命高达1050年，因此有"千年寿纸"之称。

历代文人爱不释手的宣纸

古代，宣纸的主要产地安徽泾县，当时属于宣州的管辖区域，因此被称为宣纸。早在唐代（618～907年）就有了关于宣纸的文字记载，这种纸用青檀树作为主要原料，不但颜色洁白素雅，有着美观的纹理，而且质地绵韧，软而不脆，易于保存，存放时间久了不会褪色也不容易破损。无论是作画还是书写，墨色层次清晰，历来是中国文人爱不释手的作画、写字材料。宣纸特殊的材料、独特的制作工艺，是其他机制纸不能取代的。

一般的书画纸的白度只有80%，而宣纸的白度在90%以上。最为独特

✕ 匠人正在制作宣纸

的是，宣纸的白度高但并不耀眼，这是一种润泽清晰的白，最难得的是这种白能保持长久如新的状态。因为，普通的纸是靠化学药物人工漂白，而宣纸是靠日光、雨水的自然力量漂白。具有木类植物长纤维的青檀树皮和富含草类植物短纤维的沙田稻草以适当的比例混合后，纤维之间就能自然而然地紧密聚合，甚至不需胶合粘连，孕育出一张强度和挺度完美的宣纸。

宣纸有生纸、熟纸之分，"熟宣"是在"生宣"的基础上，经过加工、填粉、加蜡、施胶而成，"熟宣"沾上墨不会晕染，是工笔画的绝佳纸品，而生宣是没有经过加工的宣纸，吸水性很强，易产生丰富的墨韵变化，更适合水墨画。

一张宣纸，千滴血汗

青檀树为中国特产，是生长在长江中下游山丘区的一种多年生植物，其树皮纤维细长并强韧，是造纸的最佳原料。春末夏初是剥取青檀树皮的绝佳时机，有经验的纸匠常常以火眼金睛选取那些生长了二年的枝条外皮作为原料。与此同时，选择沙田稻草也不可随意，只有皖南山区山脚的田地里生长的稻草是最佳的原料。山脚田肥力不足，生长的稻草叶少杆多，有机质少，纤维拉力强，制料时容易漂白加工。

造纸时，无论是青檀树皮还是沙田稻草都要经受非常强有力的捣击，在工人的反复捶打中，宣纸的柔韧度越来越强，当纤维的两端碎裂分叉如同扫帚状时，经过缓慢地手工抄捞，纤维随着水流缓缓地聚集到捞纸所用的竹帘上。

为了保证宣纸的细腻匀整，捞纸所用的竹帘也是一件加工精细的工艺品。其原料为泾县特产的苦竹，这种竹子最大特点是每节距离很匀称，一般在一尺多到两尺间。加工竹帘时，尽可能把竹节削平，而且在编帘时将长短竹丝交错连接而成。普通四尺、五尺或六尺的纸帘，每方寸就需用细若毛发的竹丝三四十根。据统计，一张六尺两寸长、三尺两寸阔的帘子，其织线两根为一道，共有一百二十余道，而使用帘丝的数量也就需六千五百余根。比例恰到好处的长短纤维在如此细密的竹帘上自然而然地聚合成纸，犹如织成的布帛，坚紧、柔软、细密。

若留心倾听，我们会发现，宣纸抖动时不会发出普通纸那样哗啦哗啦的响声，反而是像布帛一样柔软、贴实。因为在宣纸的加工过程中，纸料纤维仍然保持了纤维自然的性状，因此，成纸之后，不会有普通纸那种生硬的感觉。除此之外，纸料纤维的自然聚合，还使宣纸形成顺纵纹、扯断如棉丝、横着扯极不易断的效果。这就是以宣纸为载体的书画作品几十年甚至上百年不会断裂的秘密。

宣纸的制作过程极其繁杂，其原料需经过浸泡、灰腌、蒸煮、漂白、水捞、加胶、贴烘等18道流程和近百个操作工序，往往需要历时一年才可制成。自古民间就有"一张书纸，千滴血汗"的说法，因此，宣纸产量有限，历代都被列为贡品。

宣纸的发明创造更是一个艰难而漫长的过程，是无数能工巧匠经过长期苦心钻研，不断探索的结果。

自从蔡伦改进了纸的制作工艺后，纸就慢慢走入了古代中国文人的书桌案头。大唐盛世，是中国历史上最辉煌的时刻之一，当时，中国的政治、经济、文化等方面高度发展，造纸术也不例外。

隋唐时期，中国的造纸业空前繁荣，纸品推陈出新，造纸的原料也是种类繁多，树皮、藤、竹子以及麻料、桑皮和月桂树等混合纤维都是人们造纸的原料。而皮纸，是隋唐时期最具代表性的纸类，最早的宣纸也是起源于唐朝的"皮纸"。所谓"皮纸"就是用楮树、桑树皮、沉香树及栈香树、木芙蓉、青檀皮制作的纸。

PART 04
纸样繁多任君选

除了那些主流的纸品，中国先人还根据不同材质、不同地域、不同需求，制造出了许多小众纸品。这些纸品或许没有大范围流通过，或许只在某一历史时段盛极一时，现已只留下名称，或者成为一项需要保护的非遗项目，却为中国造纸业的发展提供了更多的可能性，和更多品质上乘的纸品。

特地染潢的黄麻纸

东晋著名的医药学家葛洪（284～364年）曾经发明过一种黄麻纸，纸质虽然粗厚，但是耐久防蛀，特别适合用来抄经书。而且，这种在白麻纸基础上特地染潢的纸品，可以说是我国古代第一种染色加工的纸，在中国造纸技术史上占有比较重要的地位。

麻纸有白麻纸、黄麻纸的区别，蔡伦用烂渔网、破布等制作的麻纸，就是白麻纸。而黄麻纸是古人将黄檗捣烂熬取汁液，然后将白麻纸放入汁液中浸染而成的。这种被浸染过的纸张多呈天然的黄色，因此，被称为黄麻纸、黄纸。浸染有先写后染、先染后写两种方式。一般染书采用的是先写后染，即作者将文字稿完成以后，再交给染书的人（即染潢匠）浸染加工；而先染后写的黄麻纸多用于抄写经书和官府文书，染潢匠将这种纸统一浸染后，留作书写时取用。

人们为什么要将纸进行染潢？原来，黄檗树皮中含有生物碱——小柏碱，能有效灭虫防蛀，因此，浸染过的书籍、纸张就能长久保管，自然人们书写的内容也就长久地保存了下来，这无形中也就延长了纸的寿命，因此，黄麻纸更受人们的欢迎。

东晋时，上奏皇帝的文书一般用黄纸，而上奏太子则用白纸。东晋末年，安帝桓玄（382 ~ 419年）曾提倡政府使用防腐防蛀的染色麻黄纸，纸很快成为当时的主要书写材料。当时，质量上乘的纸不但是皇帝的御物，也是文人墨客赠送友人的礼品。书法家王羲之曾一次赠送他少时的好友谢安麻纸9万张。更有趣的是，女儿出嫁时，王羲之只准备了一大卷字纸作为女儿的嫁妆。

晋代纸的制作也根据书写内容的多少，规定纸张的长短。比如，大纸宽约30厘米，长约40厘米，小纸宽约20厘米，长约33厘米。纸张大小直接限制了书写，因此，魏晋时期，书法多在一尺见方的纸张上进行书写。

唐、宋时期的文书、经卷等也多用黄麻纸，因能长期保存。例如，唐代李肇在《翰林志》中记述"凡赐予、征召、宣索、处方、日诏，用白藤纸；凡慰军旋，用黄麻纸。"可知黄麻纸在唐时已作为官方、军方的特定用纸。

色彩艳丽的浣花笺

在种类繁多的皮纸中，最具特色的就是四川的"浣花笺"，即"薛涛笺"或"松花笺"。薛涛（768？～832年）不但精通音乐，而且对诗书也有很深的造诣，她与刘采春、鱼玄机、李冶合称为"唐朝四大女诗人"。

在唐朝，诗歌多是在一张纸上写一首律诗或绝句，然而，当时的纸张尺寸较大，以大纸写小诗，不但浪费纸张而且也不好看。酷爱四言绝句的薛涛，常常苦恼于纸张尺幅太大，于是，她就有了制作小巧纸笺的想法。当年，居住在成都浣花溪畔的薛涛，除了吟诗作曲之外，就是跟着当地人学习制纸技术，后自创出精致的"浣花笺"。薛涛别出心裁地将芙蓉皮煮糜

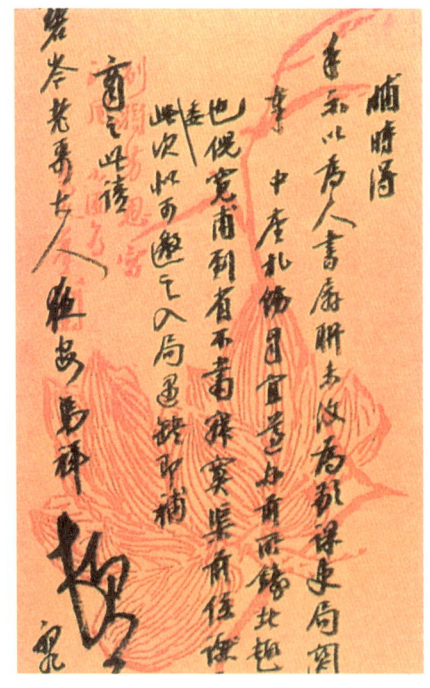

烂，把红色芙蓉花、荷花，以及不知名的红花花瓣捣成泥再加入清水，从红花汁中获染料，并加入一些胶质调均涂在纸上。再用吸水的麻纸附贴色纸，把湿纸夹在书中，叠压成摞，压平阴干，一沓沓颜色鲜红的彩笺就出现在了人们眼前。

这些小巧精致且颜色明亮的纸笺，打破当时古纸一味沉闷枯燥的黄色调，成了众多文人的喜爱之物，"薛涛笺"名字应声而起，这大概是中国最早的"个人定制"产品。然而，"薛涛笺"不是普通的信笺，而是专门的诗笺。薛涛赋予了纸张美丽的颜色，后人遂模仿之，制作出了深红、粉红、杏红、明黄、深青、浅青、深绿、浅绿、铜绿、残云十种颜色的"薛涛笺"。

楮皮纸

楮皮纸的起源可以追溯到东汉时期，在隋唐时期进入鼎盛。在唐代，人们常常用楮皮纸抄写经文。南宋周密（1232～1298年？）《澄怀录》记载："唐永徽中，宣州僧人欲写《华严经》，先以沉香和楮树取以造纸。"楮皮纸以其优良的品质博得许多文人的青睐。在唐代，楮皮纸已取代麻纸成为"国纸"，唐代散文名家韩愈戏称楮皮纸为"楮先生"，于是，后人就以"楮"作为纸的代称，出现了"楮墨""片楮"之类的说法。后唐闻名千古的"澄心堂"纸便是楮皮纸的一种。

宋朝时，楮皮纸因为质地柔韧、落墨起色间能明显体现出墨色的变化而深受文人的青睐。北宋米芾书《苕溪诗帖》即是用纸浆中加填白粉并加以研光的楮皮纸写成。我们现在常能看到一些唐宋时期的楮皮纸文献，虽历经千年依然能纸墨如新，让人惊叹。明朝的王宗沐就曾在1556年主编的《江西省大志楮书篇》中详细记载了楮皮纸的制造工艺，是迄今世界上较早详论楮纸制造的一部著作。

当时人们用于造纸的楮树类似檀树，古人常把楮树与檀树混为一谈。后来，人们发现用檀皮制造的纸，质量比楮皮纸更好，而且，檀树只有宣州一带独有，因此，有了"宣纸"一说。

现今，秦岭脚下的北张村还保存着楮皮纸的传统工艺。整个生产过程不使用任何机器，也不使用任何化学物，已经成为研究手工纸工艺演化进程的"活化石"。

✕ 竹纸 五代《塔藏印刷宝箧行陀罗尼经》手卷

竹纸连四纸

在元代，随着"岁贡"的加重，纸匠的流离失所，文人不断遭到摧残、迫害，艺术领域也深受重创，起源于唐代的宣纸，一度也黯然失色。但是，纸的需求并没有停止。元代南方徽州一带的人们发明了一种竹纸——连四纸。

这种纸背有连二、连三、连四笺，且纸质较前代更为精致，薄而均匀，洁白如羊脂玉，有隐约的帘纹，经久不变，用于书画时着墨即晕，用于印刷时清晰明了。但是，制作连四纸工序非常复杂，而且全都是手工制作。坊间关于连四纸有句俗语："片纸不易得，措手七十二"。所以，这种上乘的文化纸，曾用于贵重书籍、碑帖、书画、扇面等，极为珍贵。

江西的铅山县是连四纸的产地，所以连四纸也被称为"铅山纸"。明朝的高濂在《遵生八笺》中把"铅山纸"列为元代"妍妙辉光，皆世称也"的精品。明朝宋应星的《天工开物》中也记载了铅山造纸状况，对铅山纸

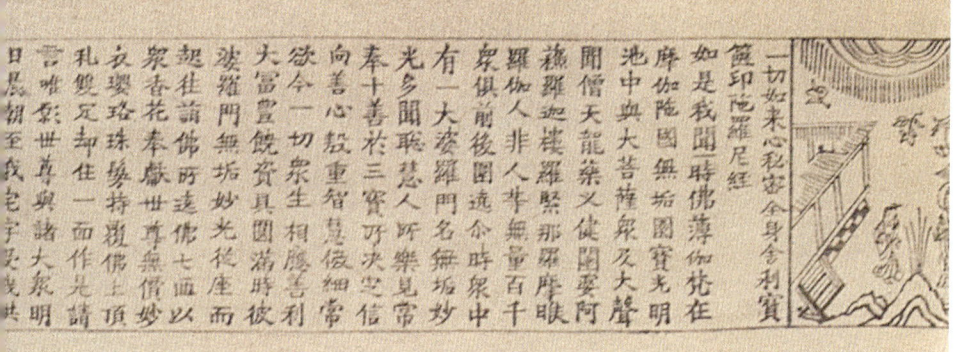

品种的连四、柬纸做了说明。现如今，铅山连四纸已经成为中国国家地理标志产品。

私人订制款的毛边纸

明代末期，毛边纸也声名鹊起，时至今日，毛边纸仍在沿用。许多人以为毛边纸的边一定不齐整，其实不是这样的。

毛边纸是明代末期出产于江西的竹纸，它是古人用竹纤维制成的淡黄纸。这种纸纸质细腻，薄而松软，没有抗水性能，托墨吸水性能好，既适于写字，又可用于印制古籍。

毛边纸名称的来由，一说是明末的藏书家毛晋嗜书如命，到处搜寻古代书籍，藏有古籍8万余卷，而且他还喜欢用竹纸印刷书籍，曾到江西大量订购稍厚实的竹纸，并在纸边上盖一个篆书"毛"字印章，久而久之，人们习惯称这种纸为毛边纸。一说是因为这类纸常常不裁边，呈自然的毛边状而得名。

与此同时，还有一种比毛边纸稍薄一点的纸被称为"毛太纸"。在古代，无论是毛边纸还是"毛太纸"，都是手工制作。手工毛边纸经过选料－浸泡－制浆－捞纸等十几道工序，质地绵软厚实，两面手感一样，纸品在阳光投射下会呈现一道道"帘纹"。现在，市面出售的毛边纸都是"机制毛边纸"，薄而脆，一面光滑一面粗糙，不过倒是可以成为初学书法者的练习纸张。

毛边纸还有一个奇特的用途：辨别蜂蜜的真假。据说，用一根筷子垂

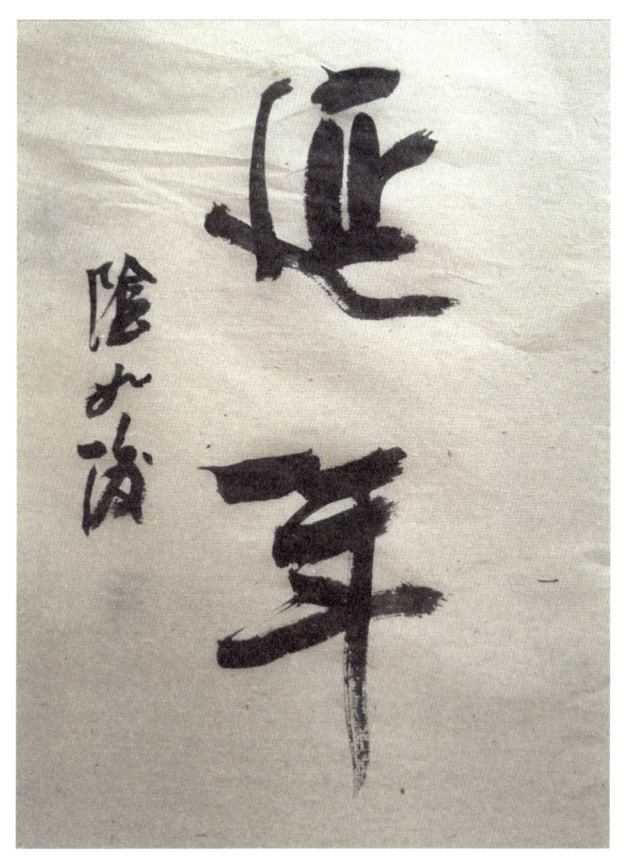

✕ 毛边纸

直地插入蜂蜜中，提起来滴在毛边纸上。如是真的蜂蜜，毛边纸上的蜜会
呈圆润的珠子状，如是掺了水的蜂蜜，滴下的蜂蜜会向四周扩散。

PART 05
被帝王偏爱的纸品

旧时帝王家，使用的文房四宝自然都是最上乘的。宣纸出现之后，最好的基本都是贡品，每年进贡给了朝廷。不过，帝王家，除了常规的纸品外，还有一些增加了特殊工艺，品质极佳，造价昂贵，更能体现皇家风范的纸品。

昂贵的御纸——金花笺

唐代，中国造纸术曾达到了一个前所未有的高峰，当时，不仅有硬黄纸，还有硬白纸。硬白纸比硬黄纸稍厚，虽然少了染潢的工序，但是却多了一个独特的工序——砑光。砑光，就是在原纸的正反两面涂满蜡，然后用卵石或弧形的石头碾压摩擦，使纸变得光亮，纤维密实、均匀。

除此之外，唐朝人还发明了一种色泽悦目、富丽堂皇的纸——金花笺。制作时，工匠们将金、银片或粉装饰在笺纸上，金银小片密集纸上的称"屑金""屑银"；金银大片如雪的称"片金""片银"；金银粉分布于纸上的，叫"泥金""泥银"。有的金花笺单面加金，有的双面加金，也有一面装饰的是屑金，一面装饰的是片金，更精细的金花笺上，还有龙凤、花卉等图案。

但是，造价昂贵的金花笺，一般都是用作宫廷中书写诗词及室内装饰，老百姓是很难用到的。当年，唐玄宗就曾命令李龟年手持金花笺，宣赐翰林学士李白进宫，于是，李白便在金花笺上写下了著名的《清平乐词》三篇，杨贵妃的美丽与李白脍炙人口的诗句就此长留人间。出现在唐朝的金银花纸，到了明、清两代品种繁多。时至清朝，内府中仍有御用的金银花纸。

深得后主李煜喜欢的澄心堂纸

然而，唐代造纸技术还有了一个重要的突破，那就是发明了宣纸。当时，宣州已大批制造宣纸，画家一改用丝绢画画的传统，开始用宣纸作画，宣纸也成了宣州每年必须上贡的纸品。但是，在南唐，还有另外一种深得帝王喜欢的纸品。

中国画最讲究用焦、浓、淡、枯、湿"五色墨彩"表达物体的形象及作者的心境，而宣纸最适宜表达中国书画艺术的韵味，宣纸不仅能使墨均匀的浸透纸背且不向四周浸散，而且使墨迹在纸上能够显得格外深厚和生动。所以，历代文人墨客、书画名家无不以在宣纸上挥毫泼墨为一大乐事，他们或题词，或留下墨宝丹青，表述自己的思想、表达自己对宣纸情有独钟。

精通书法、绘画的南唐后主李煜（937～978年）特别喜爱宣纸，不惜重金选调国内的造纸高手，集中在京都开办了造纸坊，还设专门的人员监制宣纸，不但如此，李煜还把自己的书房腾出来专门用来贮藏宣纸。

　　除此之外，李煜每天都要到造纸坊观看造纸的操作过程，有时他干脆脱掉皇袍，系上围裙，同纸匠一起捞纸、焙纸，每制成一批宣纸，他都亲自试写，反复琢磨，调整用料比例和工序设计，直到生产出来的纸张质量令他满意为止，进过几年的琢磨，造纸方法也有了很大的改进，纸匠们造出的纸，无论是洁白程度还是细腻程度，比一般的宣纸更胜一筹。为了和普通的宣纸区别，李煜为这种纸起名"澄心堂纸"，简称澄心纸。因为贮藏澄心堂纸的地方，就是李煜浏览公文、读书闲居的处所，名叫"澄心堂"。

　　古人称赞澄心堂纸"肤如卵膜，坚洁如玉，细薄光润，冠于一时"，李煜称赞其为"纸中之王"。澄心堂纸是宣纸中的珍品，也是中国造纸史上最好的纸。澄心堂纸与宣城诸葛笔、徽州李廷珪墨、婺源龙尾砚被誉为文房四宝中的上品。

　　在南唐，澄心堂纸一律由皇宫专人保管，供李煜一人使用。偶尔，李煜也会将澄心堂纸赏赐给有功的大臣。当时的文人墨客，都以拥有澄心堂纸为荣。南唐亡国后，澄心堂纸的制作技艺也慢慢失传，南唐遗留的澄心堂纸零零散散地落入北宋一些书画家手中，一时间，一纸难求，成了宋代文人争相收藏的宝物，一副澄心堂纸售价达到了百金。宋代大画家李伯时，曾用澄心堂纸画了一幅《五马图》，流芳百世。宋代文人欧阳修、苏轼、杨尧臣等人得到澄心堂纸"如得天球拱璧"，欣喜若狂，留下"江南李氏有国日，百金不许市一枚"的名句。欧阳修曾作诗云："君家虽有澄心纸，有敢下笔知谁哉！"明朝大画家董其昌得到澄心堂纸时，曾感慨地说："此纸不敢书。"

其实，只有少数澄心堂纸是南唐遗物，大多数澄心堂纸为后人所仿制。清代朝廷的内府"如意馆"，就曾仿制澄心堂纸。

匪夷所思的描金云龙笺

清朝的笺纸制作的技艺可谓登峰造极，只要是前代的名纸，清代的纸匠们都一一进行了仿制，也出现了一大批名贵的纸品。当时。御用的纸有金云龄朱红福字绢笺、云龙珠红大小对笺、各色蜡笺、各色花绢笺、金花笺、梅花玉版笺、白色暗花粉笺等。

其中，康熙、乾隆皇帝都很钟爱描金云龙笺，描金云龙笺是一种手工麻纸，纸上的云龙图案不但生动形象，而且云朵与巨龙非常巧妙地融合在一起，犹如巨龙在连绵不绝的云海中飞腾。但最为奇特的是纸上的图案是能工巧匠一笔一笔画上去的。艺术奇才宋徽宗赵佶的草书代表作《草书千字文》就是写在描金云龙笺上。

收藏于辽宁博物馆的宋徽宗《草书千字文》，是写在全长达30米以上的整幅描金云龙笺上的。见惯了巨幅纸的现代人，面对一幅长达三丈余的手工麻纸，似乎没有多少惊奇之感。可是，在八百年前的北宋时期，制造出一张如此巨大的精美纸品，实属不易。那么，这张巨幅描金云龙笺到底是怎么制作的？

至今尚未找到可靠的记载，但是，据专家推测，当时的生产场景可能是这样的：在江边，造纸工匠们绞尽脑汁使得众多船舶排列成行，当然船的高度要基本保持一致，然后浇上纸浆使之均匀，自然干燥而成。这其中的

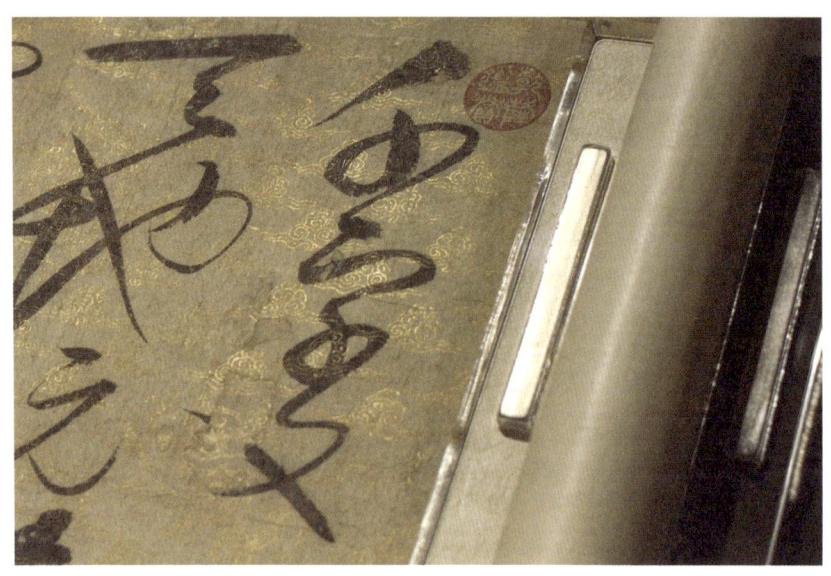

✕ 宋徽宗赵佶《千字文》 辽宁博物馆藏

艰辛与技术要求令人匪夷所思。历经劫难的宋徽宗《草书千字文》至今纸墨依然完好如新，这与诸多收藏家的小心呵护不无关系，也充分说明了北宋时期的造纸技术空前发达。三十多米长的云龙画卷也给我们提供了北宋造纸技术空前发达的宝贵证据。从宋徽宗《草书千字文》的整体画面的完整程度来推断，这幅长卷不可能分段拼接，而是由一人自始至终一气呵成，如此繁缛的云龙图案，消耗的精力可想而知！

那些"新颖"的纸制品

在许多大型超市，时常会看到一位身着白色拖地长裙，头顶别致的白色礼帽的模特，吸引了许多人围观，这种简洁大方又典雅的服饰，真是太漂亮了。但是，仔细观察，你会发现，模特的服饰都是用卫生纸做的，这不由得会引起人们的感叹，设计师真有创意！然而，在距今一千多年前的宋代，智慧的中国人就穿上了纸衣。

当时，除了传统的麻纸、楮皮纸、檀纸等，南方的人们不但发明了竹纸，而且在歙州一带人们制作了一种纸质柔韧而薄的巨型纸张——匹纸，长达3丈至5丈的纸张，比唐代的皮纸还要大得多。捞抄这种巨幅匹纸时，常常由一个人敲鼓喊号子，十几个纸匠们同时捞抄才可以。当时，匹纸非常珍贵，是皇帝御用之纸，辽宁省博物馆收藏的宋徽宗赵佶的《草书千字文》帖本，即是用此大幅皮纸书写的。

能御寒的纸衣、纸被

在宋代，纸的用途也非常广泛，人们不但发明了风筝，而且纸质衣料大行其道。在北宋时期，棉花只在两广和福建地区种植，直到明朝，棉布才成为全国人民的普遍衣料。

在棉花种植还没有普及的时候，古代的富人们可以穿羊羔皮、狐皮和貂皮等珍贵美观的皮衣。但是，普通老百姓只能靠着麻来抵抗寒冷天气，而丝绸昂贵，麻、葛、毛织物产量低下。反而，在宋代，造纸技术高度发展，纸便成为独特的御寒衣料。在当时，出现了纸做的衣服、被褥、帐子、帽子，甚至还有纸砚台、纸酒杯、纸盔甲、纸棺材，并且还有了内里填絮的"夹衣""夹裤"，通常富裕些的人家以丝绵填絮，而穷人以芦花、麻絮等物填充。尤其当时的僧人以及信佛的士大夫谨守"不衣蚕口衣"的教诲，喜欢使用纸制衣服和被帐，加上当时的纸面洁白如云，微皱如波，其清雅风貌符合宋代文人的美学品位，使得纸制衣品格外流行。

　　古人以楮皮或藤条为原料造纸，纸质厚实耐用，这种纸不但可以经过反复水洗，而且洗数次不烂，可以用针线进行缝补，和今天的布料无异。做衣服时，人们用手或木棍把纸揉软，然后在水中放入胡桃、乳香各一两，以一百幅纸作为一叠放入锅中煮或者蒸；如果将纸放在笼屉中蒸，需要一边蒸一边不断洒乳香水，等到蒸熟后，加入不同的花汁染色，然后薄薄地摊开阴干，缠在细木棍上仔细敲打并涂上桐油等，这样一来，纸衣不仅坚韧而且具有防水功能。当时的制衣作坊里，堆着一人多高的纸料，有客人来便量体裁衣。富贵人家还可以用绢丝等柔顺细滑的材料做成衬里以增加舒适度，冬服则在纸衣内加入一层麻絮或晾干捶柔的草叶，便是一件防寒性很好的棉袄。

　　唐宋时期，纸衣、纸被是平民阶层的标准装备，政府接济难民也是发放免费的纸袄纸被。纸衣不仅是普通老百姓的首选，就连富裕家庭也穿着纸衣。南宋爱国诗人陆游和著名理学家朱熹关系非常密切，朱熹曾送纸被给陆游，陆游欣喜万分，作诗云："纸被围来度雪天，白于狐腋软如绵"。苏东坡不但喜欢穿纸衣，而且整理出了一套清洗纸衣纸被的方法："纸被旧而毛起者，将破，用黄蜀葵梗五七根，碎之水浸，涎刷之，则如新；或用木槿捣水，刷之亦极妙"。

纸盔甲、霹雳炮和还魂纸

宋代，不但日常的生活中人们使用纸衣纸被，而且在战争中还用纸甲来抵挡敌人的攻击。相比于铁甲，纸甲不仅不会生锈腐烂，而且重量轻，因此士兵常常选择纸甲。在今人看来，用纸甲防御刀箭简直不可思议，但是古代人用纸叠厚三四寸后再用铁钉固定而制成的纸甲，防御能力甚至优于铁甲，这些纸甲遇雨水浸湿，铳箭都难以穿透。另外，在宋代末年，人们还用纸管、石灰和火药制作成一种杀伤力巨大的武器——霹雳炮，击退金人的围攻，从此，花炮也逐渐取代了古人燃烧竹纸的爆竹。

在北宋初年，纸的使用又开创了新的领域。四川的商人以黄蜀葵、杨桃藤等植物为原料制作成交子，即纸币。这是中国最早的纸币，也是世界上发行最早的纸币。宋仁宗天圣元年（1023年），官府取消了私家发行纸币的权利，在四川益州设立了专门负责印制发行纸币的机构。到哲宗元符元年（1098年），纸币发行数量大为增加，使用纸币的地区也越来越多，北宋政府便在开封设置了交子务，专门负责纸币的发行。

随着大量优质的宋代纸不断出现，剪纸艺术应运而生。心灵手巧的古人，用纸剪成各种各样的图案，也会将剪纸贴在窗上、门楣上做装饰。

两宋时期，中国造纸业一直处于发展阶段，而用纸量也随之增大，为了节省资源，聪明的造纸工人创造了还魂纸。还魂纸其实就是再生纸，通常，人们以废纸为原料，洗去墨迹脏污，浸泡糜烂后放入纸槽重新造纸。经加工后废纸恢复纸原有的性能，成为新的纸品，还魂纸开创了中国废物利用的先例。中国历史博物馆所藏北宋时写本《救诸众生苦难经》以及北京图书馆所藏南宋时江西刻本《春秋繁露》，所用的纸张就是宋时的还魂纸。

第五章

砚台，
集实用性与收藏价值于
一身的文具

作为"文房四宝"之一的砚台，由于本身集雕刻、书法、绘画等艺术于一体，不仅是一种具有实用价值的文化用品，也是一种更具有观赏价值的工艺美术品。古代文人对砚台喜爱至极，常常把砚台当作友人，于是就将砚台人格化，文人墨客赋予砚台许多雅称，如，唐代韩愈呼作"陶泓"、元稹称作"润色先生"，宋代苏轼称呼其"涵星泓""龙尾"，清代王继香称之为"石君""静真先生"等等。

文房四宝　笔墨纸砚里的雅事

✕

PART 01
从调色盘到磨墨利器

在汉字中，有"石"组成的字大都与"石头"有关，那么，"砚"一定也和石头有缘。比如我国的四大名砚：端砚、歙砚、洮砚、澄泥砚，除了澄泥砚，都和石头密不可分。澄泥砚，虽然属于陶瓷砚，但其质地耐磨，容易发墨且不耗墨，与其他石砚也是平分秋色。

在汉代以前，砚台只是一种研磨工具，专用于研磨装饰器物的颜料。到了西汉，砚台才成为了名副其实的砚台。早、中期的汉砚，大多是朴素自然的石块，形状以圆饼或长方平板为主，也有山型、龟形。在当时，人们不仅用长方平板研出的颜料书写作画，还用来化妆，因此，人们称长方平板砚为黛板。晚期的汉砚，雕琢技艺更加艺术化，无论质量、造型还是装饰上都发生了变化，材质有石、陶、漆、铜、玉等。西汉时，有盖有腿的三足汉砚也出现了。东汉时期，墨模的出现使墨锭取代了以前的墨丸，砚的形制也发生了跨越性的改变，从此，研磨石消失了。

魏晋南北朝时期，砚台的制作无论是技艺还是材质，与汉代差别不大，唯一的变化就是出现了瓷砚。到了唐代，由于社会经济、文化的空前繁荣昌盛，制砚业也是突飞猛进的发展，砚台的材质、形制更加丰富，砚台雕琢技艺也更加精细，涌现出了唐朝的四大名砚：山东鲁砚、广东端

✕ 澄泥砚

砚、江西歙砚、甘肃洮砚。但随着历史的变迁，山东鲁砚已难寻踪影，逐渐退出了四大名砚的行列，取而代之的是山西的澄泥砚。随着砚石的不断采掘，名贵的砚石越来越少，但是，时至今日，广东端砚、江西歙砚、甘肃洮砚、山西澄泥砚一直称霸一方，稳居四大名砚的宝座。

古墓中的调色盘

距今约有6000年的西安半坡村原始公社中，人们的日常用品大多是陶器，各种陶器上已出现精美的图案，这足以说明当时已有研磨各种颜料的器具。可是，研磨颜料的器具到底是什么样子的呢？考古学家在半坡遗址的陶窑旁出土了石盘，石盘上还有研磨的痕迹和残存的颜料。考古学家认定，这种研磨的石盘，就是较原始的砚，虽然无法与后世的石砚相提并论，但是它是中国砚的祖型。

1980年，陕西临潼以北、临河北岸的第二台地上，中国考古工作者发现了距今已有5000年的母系氏族公社的原始聚集部落遗址，即姜寨遗址。在这个面积近5万平方米的中国新石器遗址中，发现了600多座墓葬，在其中的一个墓葬中，人们发现了一块石砚，令人惊奇的是石砚上面还盖有石盖，砚台旁放有黑色固体物数块，经考证，这些黑色固体物为氧化锰，由此可断定，这就是石砚的雏形。

随着社会的发展，砚的材质和做工也有了很大变化，虽然从商代开始，玉质材料雕琢的砚具就已出现，但严格而论，称其为一种调色器具更为确切。1976年，在河南安阳殷墟妇好墓中，发现一方玉质调色盘，这

✕ 仰韶文化双格石研磨盘

个调色盘不但三边有框，而且底部雕有一对造型逼真的鹦鹉，不愧为一件绝代佳作。到了西周时期，砚台的取材仍然是石料和玉，但就其形成和用途来讲，已具备了砚台的属性。中华人民共和国成立后，在河南洛阳曾出土西周时一石质调色器，其上仍留有朱红色残迹，其前宽后窄的长方形造型，即是后世平板砚的鼻祖。

终成砚台的砚台

1975年12月，湖北省孝感地区云梦睡虎地一处秦墓的挖掘，才让我们一览秦时古砚的实物。这是由一块不规则的鹅卵石加工制成的石砚，长

6.7～7厘米，宽5.3～6厘米，高2厘米，石砚还附有一块高2.2厘米的鹅卵石研墨石。人们观察发现，砚与研墨石的磨面较为平整，还有残留的墨迹。研石的存在，与当时的墨没有固定形制，大多以粒状出现，必须用研石压磨的历史相吻合。

西汉时，石砚多带有研石，因为当时古人还未发明墨模，墨仍然是以墨丸的形状存在，人们书写时，都是将墨丸放在砚石面上和水，用研石压磨。1973年，在广州市金坑西汉古墓、湖北江陵凤凰山西汉古墓以及河南洛阳、河北等一些地区出土的汉砚，均带有研墨石。特别是1978年，在山东临沂市城区金雀山第11号西汉墓中出土了一件盒装石砚，其制作技艺令人称奇。这块长16厘米、宽6厘米、厚12厘米的长方体石板砚，表面残留墨痕，仔细观察，发现此砚的砚面光滑平整，背面粗糙不平，边缘呈不规则锯齿状。砚盒为木胎漆盒，更为巧妙的是，在盒盖与底的同一

✕　鎏金镶嵌兽形铜盒砚

端，各凿有一方形小槽。考古人员疑惑不已，后来经反复考证，人们将长2.5厘米、宽2～5厘米、高0.2厘米的研墨石放入方形小槽，砚盒底与盖合并在一起，研石正好扣放其中。此刻，人们才恍然大悟，原来方形小槽是为了放置研墨石而特意设计的，而有小槽一端的漆盒底上与研石槽相通的不规则小槽，无疑就是为存放墨丸而设计的。石砚出土时，小槽内就曾有若干芝麻粒大小的墨丸。这种布局合理的砚盒让我们不得不佩服古人的奇思妙想。

西汉时期，除了石砚，玉砚、铁砚、铜砚、陶砚也应运而生，它们成为汉代人们社会地位和财富的标志。

西汉的铜砚并非是铜质砚，而是在精美的铜砚盒中嵌砚石。更为特别的是，当时还有人用未央宫的砖瓦制作墨砚，即瓦砚。瓦砚制作相对简单得多，人们只需将建筑上的砖瓦挖凿成一小池形状，即为砚堂，打磨平整后，在三伏天用日光晒或用小火烤炙池面，趁热在面上均匀涂蜡，使蜡慢慢渗入砖瓦空隙中，这样制作的瓦砚就不会渗水了。为了减少墨的蒸发，防止杂物掉入墨液，聪明的西汉人还为瓦砚制作了木质的盖子，瓦砚虽然制作简单，造价低廉，但是照样置水数天不干。

每一种文物都是历史的再现，在西汉时，人们常常席地而坐，因此桌子都比较低矮，书写时，砚都是要放在桌子旁的地上。为了方便书写者蘸墨，砚台不但需要保持有一定的高度，而且要保证砚身的平衡和易于移动，人们就发明了足砚。西汉时期，砚台除了材质多样，制作也很精巧。故宫博物院就珍藏有一件稀世珍宝——十二峰陶砚，被称誉为"砚中之孤品，文房之至宝"。

十二峰陶砚是目前发现的唯一一件汉代陶砚，这块出土于河南洛阳的细泥灰陶砚，通高约17.9厘米，宽21.5厘米，不但造型极其独特，而且制作精巧。整体呈山峦状的陶砚上，12座兀立的山峰，环抱微微内凹的簸箕形砚面。内外的山峰，高低错落有致，有着深远的意境，正如中国文人兼容万物的性格特征。内层正中的山峰上有一龙首水滴，通向砚背，设计颇为巧妙。砚底有成叠石状三足，极具汉代足砚的特征。

多种材质砚台的发展

除此之外，在汉代，龟形砚也很常见，直颈、屈颈单龟，交颈接尾的双龟形态各异，而且龟背多为砚盖，上刻有龟背纹，足见陶砚制作的精巧。不仅如此，向来崇尚"事死如事生"的中国古人，常常把砚台作为殉葬的物品，尤其以陶砚居多。

砚与墨块形影不离，到了东汉，墨模的出现，也改变了砚台的构成，最明显的变化就是此后砚台中再也见不到研磨石了，人们已开始直接手握着墨锭在砚台上研磨了。东汉时，砚台从有研墨石到无研墨石的过渡，是砚史上的一大里程碑。从此，砚台作为研磨器工具，在文人的翰墨生涯中，逐渐成了情感的载体。宋代大文豪苏轼也会以："我生无田食破砚，尔来砚枯磨不出"来自况生计。

东汉时，由于漆器工艺的兴盛，漆砚也走进了文人的书房。漆砚的制作极其讲究，人们往往在木质的砚形外面缠裹上麻布及丝织品，然后再涂上漆灰，等漆灰晾干后，还要进行仔细的打磨，最后再涂上一层朱漆，这样制成的砚台不仅轻便，而且坚固、耐用，比木砚更胜一筹。

晋代，砚台的家族中又添了一位新成员——瓷砚。晋代的政治制度造

✕ 西汉漆盒石砚

✕ 唐代青瓷多足砚

就了一大批文化名人，建安七子、竹林七贤、书圣王羲之、田园诗人陶渊明等都是这一时期的代表人物，中国的书法、绘画、雕刻、诗歌等文化艺术达到前所未有的高峰，一时成为主流的陶瓷砚在文人们的文化生活中担当着重要的角色。从此一直到唐代的600多年间，陶瓷砚一直是书画用砚的主角，承载着传承中华文化的使命。

PART 02

名品众多的砚台——鲁砚

　　如今提起砚台，人们会脱口而出广东肇庆的"端砚"、安徽歙县的"歙砚"、甘肃临潭县洮河沿岸的"洮砚"和山西绛州的"澄泥砚"。然而，在唐代，山东鲁砚可是四大名砚之首，广东端砚、江西歙砚、甘肃洮砚都只能甘拜下风。唐代是中国封建社会历史上少有的盛世，经济、文化、艺术称雄于世，富足的生活促进了书画的发展，因此，利墨名砚纷纷问世。当时的四大名砚依次是山东鲁砚、广东端砚、江西歙砚、甘肃洮砚。

　　唐代，是中国古砚百花齐放的时代。虽然，由于当时高腿桌椅的出现，砚台从矮几移到书桌上使用，砚台也就以无足平台为主要特征，但是砚台的材质可谓丰富多样，有未央宫、铜雀台的覆檐瓦制作的瓦头砚，有铁砚、玉砚，还有烧制的三彩砚。在众多砚台中，鲁砚还是力压群芳，成了唐代名砚之首，可见其精致珍贵。

"物以稀为贵"的红丝砚

　　山东古称"鲁"，以山东省所产诸砚石制成的砚，统称"鲁砚"。相较于其他砚品，鲁砚更顺应各种砚材的色、纹、形态，因材施艺，简朴大方，且拥有坚而不顽，腻而不滑，发墨而不损毫的特点，鲁砚包括红丝石砚、紫金石砚、徐公石砚、龟石砚、燕子石砚等。红丝石砚自唐代就是佼佼者，这种砚石为红底或橘黄底，是一种制砚的极佳石料。红丝石砚有红地黄纹、红地红纹、黄地红纹等，其中红地黄纹更名贵。

　　红丝砚内蕴天然的纹理和色彩，千姿百态，独具特色，更重要的是红丝砚发墨既快又细腻，而且润笔护毫。因为红丝石中既含有质硬锋利的二氧化硅，又含有质细润泽的钙、镁等物质，而每一块砚台的发墨快慢主要取决于砚石中所含的成分，所以红丝砚不但色泽明艳，而且实用，难免成

✕　清代红丝石砚

为古代文人的案头珍宝。

唐代，人们只在山东青州府的益都县黑山和临朐县的老崖崮发现了红丝石，而且蕴藏红丝石的矿层往往较薄，砚石原料极不易得，因而"物以稀为贵"，红丝石砚也就实至名归地位于唐代四大名砚之首。即使到了宋代，红丝石砚仍是独冠群芳，欧阳修、唐询、李之彦、苏易简等赏砚名家对其极为推崇。然而，由于红丝石资源稀少，宋朝末年，人们即使费尽周折，也难寻到红丝石的踪迹，砚材几乎绝迹，以至鲁砚不得不将"四大名砚"之一的席位让给澄泥砚。

难觅真容的紫金石砚

红丝石砚的销声匿迹，令人扼腕叹息。但是，许多史书都记载了在唐宋时期，鲁砚中的紫金石砚可以与红丝石砚相媲美，然而，后来的人们一直都未见到紫金石砚的实物。直到1973年，人们意外地在北京元大都遗址发了一块紫金石砚，才终于揭开了紫金石砚的神秘面纱。

这块砚为凤字形，砚长22.7厘米、宽17.5厘米、厚3.9厘米，砚身颜色为紫黑色，隐约有青花和豆绿色小点，犹如深邃苍穹中的繁星点点，砚的前部有两足，砚池向后倾斜，砚面有明显的墨痕。令人惊喜的是，在石砚的背面还有宋代著名书法家米芾的铭文。紫金石蕴藏在地下数丈的岩石中，而且越往下颜色越纯正，但人工开采极为不易。

米芾极其痴爱紫金石砚，而宋代大文豪苏东坡借得米芾所珍藏的紫金砚，曾嘱咐儿子，在自己去世后，要将紫金砚放入棺材随葬。一生洒脱豁

达的苏轼，竟然对紫金砚如此爱恋，足以可见紫金砚的珍贵。宋代以后，人们再也没有见到紫金砚的文献记载，出土的实物更是凤毛麟角。不过，1991年，人们又在山东临朐发现了唐宋时期的紫金石老坑，虽然储量不多，但也激发了人们探索紫金石砚的兴趣。

曾经作为国礼的徐公砚

在唐朝，鲁砚中的徐公砚也是名扬天下。相传，唐朝的徐晦赴京应考，途经今天的山东沂南县徐公庄村时，偶然发现一块石片，质地润滑，和玉石一般，敲击石块还发出清脆的声音，徐晦非常喜欢这块石片，就将它磨成砚台，然后带着这方砚台进京赴考。没想到，当时正值严冬时节，其他考生砚台中的墨均结成薄冰，唯有徐公子砚台中的墨没有结冰。徐公子书写自如，墨迹润泽，深得考官赏识，也因此考取了进士。后来，徐公官至礼部尚书。晚年休官后，便在拾砚之地定居下来。此后，此地便被称为徐公庄村，产于此地的砚被称为"徐公砚"。

徐公砚有鳝鱼黄、茶叶末、蟹壳青等多种颜色，而且发墨如油，是石砚中的上品。颜真卿、欧阳修等古代名士都对徐公砚赞赏有加，从古至今，徐公砚一直是中国文人的珍爱之物。1993年，江泽民主席访问日本时，曾以徐公砚作为国礼赠送日本天皇。

贡品燕子石

清朝时，鲁砚中又一新品种引起砚林注目，那就是燕子石，即"蝙蝠石"，它是鲁砚中的名贵石品。燕子石质地优良，色泽典雅，石上虫体形似飞燕或蝙蝠，宛如浮雕，极为别致，是鲁砚中难得的新品类，用燕子石制作的砚台被称为福砚或鸿福砚，常常被作为贡品进贡宫廷。

出产于山东省泰安市、莱芜市、临沂市、淄博市等地的燕子石，学名三叶虫化石，因其化石虫体形如一只飞翔的燕子，因此称为燕子石。三叶虫是生活在古生代寒武纪的一种海洋古生物，其全身纵横各分为三节，故名三叶虫。三叶虫化石距今约3～5亿年，而完整的三叶虫化石更为稀有。

燕子石不仅有很高的观赏价值，还有较高的科研价值。用燕子石制作砚台、镇纸、笔架、印泥盒等文房用具时，往往根据石头的形状及纹路，随意雕刻。这种天然的形状与雕刻师艺术思想的完美结合，往往体现了地久天长、福寿延年、喜庆吉祥的古老中国传统思想，别有一番独特的风韵，深得文人雅士的赏识，因此，人们称其为"难得的天然艺术珍品"。特别是用燕子石制作的燕子石砚，易于发墨，不伤笔毫，而且储墨保潮耐润，备受历代文人的珍爱，清乾隆帝《西清砚谱》将其列为众砚之首。

清朝时，除过燕子石砚，鲁砚中的龟石砚也是扬名天下，这种产于临朐县东南的石涧沟壑中的石头，大多数是扁平的椭圆形，不但质地细润，而且颜色艳丽，有黄褐、赭红、茄紫等色，其中以纯紫色的最为名贵。龟石质地十分细润，制作的砚石，蓄墨储存几日都不会干枯，是制作砚台的上好材料。过去山东临朐一带的人，常常捡拾龟石制作砚台，可惜的是，现在的龟石已经很少见，古代的龟石砚也是难寻踪迹。

鲁砚种类丰富，除过以上几种砚台，还曾有尼山砚、砣矶石砚、温石砚、浮莱山砚、薛南山砚等，可是随着历史的变迁，如今只有徐公石砚资源丰富，尼山砚的石料可以开采，其他的石料已很难采集到了。

PART 03

名砚之首——端砚

　　成名于唐朝的端砚，至今仍是文人案头的宠儿。端砚看起来很坚硬，但是抚摸端砚，犹如婴儿的皮肤一样柔润；端砚不但研墨无声，发墨不损笔毫，而且具有"贮水不耗""呵之即泽"的良好性能，历来深受文人喜欢。

✕　清代端石灵芝池砚

产于古代端州（今广东省肇庆市东郊的羚羊峡斧柯山境内的端溪沿岸）的端砚，其石料来自经过4亿年演变形成的沉积矿床，这种泥质页岩中所蕴含的矿物，主要是不易氧化、化学性能稳定的水云母类及其他黏土矿物，而且，砚石中分布均匀的矿物颗粒细小，绝大部分粒径小于0.01毫米，这些微小的颗粒紧密地结合在一起，吸水性和透水性都很微弱，因此，端砚石质坚实、细腻，抚之若婴肤，有"质刚而柔""细润如玉"之美称。更为特别的是，端砚敲起来不像一般石头的"梆梆"声，而是犹如敲击木头的"笃笃"声。

无论是古代还是现代，端砚石材的开采都十分艰难。尤其是在古代，砚石的开采全部依靠人工，开坑采石，都是在太监或地方官员的严格监督下进行。为了防止采石人偷拿石料，再加上采石人往往生活贫苦，为节省衣料，他们都是赤身在七八十厘米宽的坑洞中采石。采石一般是在气候寒冷的枯水季节，人们首先需要开出坑洞，依照石脉生长的走向，沿着倾斜、陡峭、弯曲的坑道开采砚石。狭窄的坑洞中，采石人不能直立，只能伛偻身体开凿。清除坑洞里的积水，只能用瓦罐一罐一罐递至洞外，劳动强度可想而知。

唐代初年，最早开坑采石的是龙岩，后来人们发现下岩砚石材质比龙岩更好，于是水岩（即下岩）取代了龙岩，人们不再从龙岩取石。晚唐时，用水岩坑砚石制成的砚台被列为贡品，专供皇胄朝臣使用，因此称为皇岩。水岩石洞长年被水浸渍，开采更加艰难。苏轼曾有一方端砚，长22厘米，宽13厘米，厚4.7厘米，砚左则阴刻行书："千夫挽绠，百夫运斤，篝火下缒，以出斯珍。"寥寥数语，道出当时采石工人的艰辛和端砚的来之不易。

在所有的砚石中，下岩石质最好上、中岩、龙岩、半边山诸岩石质稍

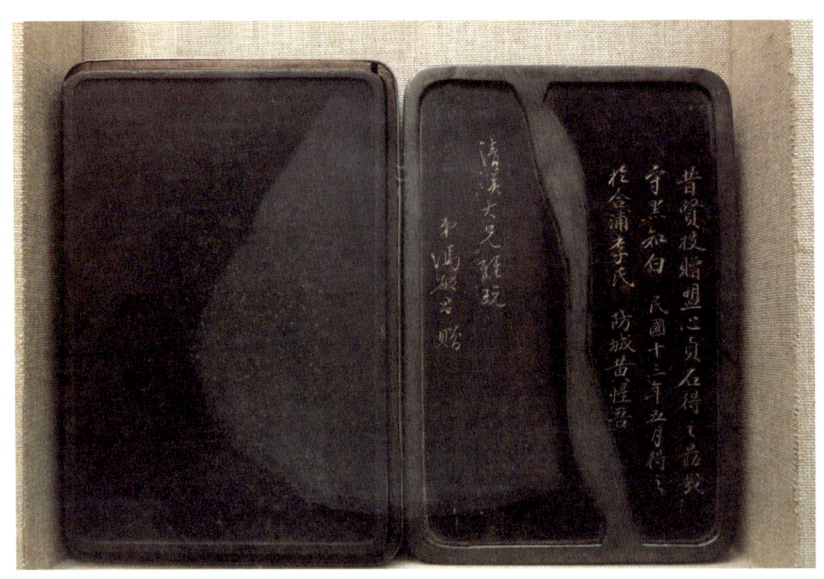

为逊色，而上岩又次之，蚌坑石质最次。好的水岩砚台，质地坚硬又柔腻，摸起来湿嫩而不滑，握在手中，仿佛会自然滋生水气，呵一口气就会津汁滴沥，被称为"无价奇材"。

端砚的颜色、纹饰众多，有的大小青黑斑点相聚相依相偎，形成形态各异的图案，被称为青花；有的石纹如同受冻的白色鱼脑，即鱼脑冻；有的石纹如同蕉叶初展含露欲滴，四围犹如火烙一般，即蕉叶白；有的石头纹路、颜色如火烙状或肌肉灼伤的颜色，即火捺；有的犹如薄雾笼罩下悬崖峭壁上的瀑布，即冰纹等等。在众多的色彩中，紫色石砚非常名贵，紫色石砚中又以有青花最负盛名。除了颜色，石眼也是端砚不可缺少的。石眼是自然形成在砚石中的一种含铁质的结核体，看上去像鸟的眼睛。

初唐时期，端砚的制作以实用为主，砚形多为简洁的方形或长方形，砚面上无任何装饰和雕刻图案，到了中唐，端砚的制作从纯实用品逐渐向艺术欣赏品发展。一般多在砚石池头雕刻各种图案，仿古图文、山水、花鸟等都是人们常用的题材，但砚形以瘦长的簸箕形居多。

随着鲁砚中红丝砚品生产衰落，端砚渐为天下群砚之首。宋代时，端石砚材的开采很多，多从水岩（下岩）取石。宋代端砚的采石除水岩外，还在端溪一带新开采了宋坑、坑仔岩、三大坑洞。宋坑是北宋时开始挖掘采石，因此被称为宋坑；坑仔岩是宋治平年间开坑采石；梅花坑是北宋时开坑采石，因砚石上有梅花点，眼较多而闻名。

宋坑所产砚石以火捺和金星点为主，金星点，是宋坑砚中特有的石品，砚石表面布满点点金星，阳光一照，闪闪发光，犹如晚间晴空星斗一般。坑仔岩所产砚石有着特别的肌理美，火捺、蕉叶白、青花石都是坑仔岩里常见的石料，尤其以青花石最为独特，它的花纹犹如极细小的发丝蝇翅，只有浸在水里才能清楚地看到，青花石历来被视为砚中的珍宝。坑仔岩的石眼，莹莹有光，碧晕重重，看上去犹如鸟兽的眼睛，具有独特的自然美、装饰美，被人称为端砚一绝。梅花坑，也称九龙坑，所产的砚石以灰白微黄带有梅花点的石纹而著称，石眼多是梅花坑所产的砚石的最大特点。

绵延了几千年的中国历史，无数中国文人与砚台为伴，但是端砚在名砚的行列从来没有缺席，走入新世纪的今天，端砚仍然是人们推崇的珍宝。

PART 04
神奇的歙砚

    2005年，安徽歙县被授予"中国歙砚之乡"的称号，"歙砚制作技艺"被列入第一批国家非物质文化遗产项目名录。历史上，歙砚早在唐朝开元年间就已世人皆知。

✕ 歙砚

1300多年前的唐代，在今天江西省婺源县，一位姓叶的猎人追赶野兽时，进入人迹罕见的龙尾山，他看到满山遍野的石头光洁如玉，晶莹可爱，便捡了一块携回家中，粗略打磨成一方砚台，没想到试用后，发现砚石的温润度比端砚更胜一筹。过了许多年，猎人的后代将此砚台进献给当地县令，县令一看砚台，爱不释手。从此，用龙尾山的石头做的砚台就开始在天下流传开来，无数的中国文人墨客用龙尾山的石头制作砚台。婺源从唐武德元年至北宋宣和三年属歙州所辖，因此，龙尾砚又称歙砚。

　　如今唐代传下来的歙砚并不多见，但是，在唐朝时期，歙砚是皇帝赐予重臣的珍稀物品。南唐时期，精通书画的元宗李璟（916～961年）非常珍爱文房雅玩，于是，歙县太守就投其所好进献了一块歙砚，此砚无论是颜色、石质、还是发墨效果，都十分惊艳，元宗看了非常喜爱。于是，元

✕　婺源熹园歙砚制作

宗在歙州召集制砚的能工巧匠，任命当时著名的砚工李少微为砚官，每月按时发放俸禄，在歙州设立了掌管制造砚台的官署，这也是中国历史上官方第一次设立制砚局。为了扩大歙砚的生产，朝廷还委派专职砚务官赴龙尾山，组织石工开采龙尾石，指导砚工为朝廷制造贡砚，从此，歙砚制造进入了兴盛时期。当时，砚务官一年要为朝廷制作数百台歙砚。在南唐砚务局的全力推动之下，龙尾砚声名大振。南唐后主曾写道："澄心堂纸、李廷珪墨、龙尾石砚，三物为天下之冠。"

歙砚的原材料歙石含多硅白云母、蠕绿泥石、石英、金属矿物和炭质等物质，石质坚韧，平均硬度比端砚高0.5度，而且多产于水溪中，长期的浸润，使歙石看似平滑而暗藏锋芒，磨出来的墨汁稠密而润滑，深受文人、书法家所喜爱。更为特别的是，敲击歙砚石，会发出玉石撞击声。歙砚历来都是贡品，有苍黑、青碧两种颜色。

历史上有人按花纹把歙砚分为金星砚、螺纹砚、龙尾砚、峨眉砚等，其中金星砚石、龙尾砚石为歙石中的上品，金星砚则与群砚之首的端砚平分秋色，其金星呈谷粒状分布于砚石之中，犹如秋夜星空，而且星点越磨越亮，给人以无限的情趣。

宋哲宗元祐年间（1086 ~ 1094年），龙尾砚被列为进献皇帝的贡品。柳公权、欧阳修、苏东坡、米芾、黄庭坚、唐寅等唐宋乃至明清的中国文人无不视歙砚为至宝，宋代大书法家米芾曾以一方一尺有余的歙砚，换得一座豪宅。

PART 05
中国文人的千年珍宝——洮砚

故宫收藏有一块长16.9厘米、宽9.8厘米、高3.9厘米的浅绿长方形砚石，形制古朴，周围雕有二龙戏珠图案，砚台上部雕刻有重山叠翠，玉宇琼阁中间刻有篆书"蓬莱山"三字，翻看砚台背部，雕刻有龟负石碑，碑额用隶书雕刻着苏轼书斋的名号"雪堂"二字。碑身用隶书雕刻着诗句："缥缈神仙楼到仙，幻出一掬生云烟，予以宝之万斯年。元丰四年春苏轼识。"考古人员认定，这是一块宋代的洮砚名品。

古代文人讲究，砚贵在"名"，砚台的价值除了用料之外，便是它的"名"。在中国传统文化中，无论古砚还是新砚，一直以"名"的多少衡量其贵贱。"六名"（即名砚、名坑、名品、名师雕刻、名人题铭、名家收藏）俱全的砚台，是最名贵的砚品，但是这种砚台凤毛麟角。一方砚上，其"名"数越多，就越珍贵。

唐朝时，洮砚就是古代中国文人墨客公认的四大名砚之一。2008年，洮砚被列入国家级非物质文化遗产项目。洮砚的产地洮河孕育着一种石质细密晶莹、石纹如丝、色彩艳丽动人的洮河砚石。洮河砚石，产于古代洮州，即今甘肃甘南自治州卓尼县洮河东岸喇嘛崖鹦哥山嘴。不过，被列为四大名砚之一的洮砚，最初其实是古代人用作磨刀剑的砺石，后来，才被

✕ 洮砚的刻制

做成砚台走进了中国文人的书房，成了千年珍宝。

洮河砚石颜色碧绿，且稀缺。据史料记载，洮河砚石往往在洮河深水之中，采集起来非常困难。但洮河石由于终年被水浸蚀，石质细腻润泽，肤理自然，发墨又细又快，可与端溪下岩的石料相媲美，一直受到中国文人的推崇。

碧绿的颜色和水波纹理是洮砚最独特的地方，这种绿色是青绿色，在光谱上介于绿与青之间或绿与蓝之间，深浅不一的墨绿、碧绿、辉绿、翠绿、淡绿、灰绿等颜色，使洮砚有"砚出异域，众生梦幻"之美誉，尤其在绿色纹路中夹杂黄色痕迹的砚台更名贵，古人曾有"洮砚贵如何，黄标带绿波"的赞咏。绿洮中"鸭头绿""鹦哥绿"历来都是人们眼中的珍宝，绿洮石绿如蓝、润如玉，翠绿的砚石往往含有丝丝纹理，犹如万端云霞或涟漪的河水，千姿百态。除了绿洮，洮河砚中的还有红洮，也称赤紫石，

相比绿洮，红洮比较少见，其土红色的石质润滑纯净，当地人也称"羊肝红"，古人也用"鹦鹉血""瓜皮黄"来区分洮河石的颜色。

洮砚不但颜色独特，而且砚材特别，其颗粒极细，硬度适中，最适合雕琢和发墨。洮砚砚雕使用的雕刻手法主要是浮雕和透雕两种技法。浮雕是在平面上雕隆起的物体，刀法由浅到深逐步进行，从而雕刻出生栩栩如生的物体形象；透雕是在浮雕的基础上镂空物体背景部分，透雕图案的立体感很强，这是洮砚雕刻艺术中最具特色的技艺。除此之外，洮河砚的雕刻还采用线雕和圆雕等。洮砚砚面最常采用的是镂空透雕，但是砚底及砚盖常采用浮雕和线雕相结合的雕刻手法。甘肃南部居住的藏族人较多，因此，汉、藏民间流行的传统图案以及现代图案，如二龙戏珠、龙凤朝阳、人物、山水、花鸟等都是洮砚雕刻常采用的题材，此外，篆、隶、楷、行、草书的名家诗词或题签落款也是必不可少的。

洮砚雕刻工艺，是一项十分复杂的工艺，下料、制坯、石刻等工序时刻在考验着雕刻师，他们需要根据洮砚石石料的形状和特性，进行设计、雕琢。一块洮砚石，往往需要雕刻师运用刀、锯、锤、铲、錾、铁笔、水沙等工具，历经数月、甚至数年精雕细刻，才能成为精美的洮砚。一件洮砚作品，不仅是砚雕师技艺的体现，也凝聚着砚雕师的心血。

中国古代文人有种说法："宁可三日不洗面，不可一日不洗砚。"只有每日清洗砚台，才能保证墨汁的光泽莹润，砚台若不及时清洗，重复使用，墨汁的色泽就会差很多了。

洮砚吸引文人墨客的另一方面，在于其水分充沛，手感滑腻，即使在酷暑天气，储墨也不容易干，而且洮砚不渗墨，很容易清洗。

唐朝时，洮砚就因为石质坚润，色泽雅丽，发墨细快，深受书画家的喜爱，此时，也是洮砚生产最旺盛的时候，产于甘肃省卓尼县喇嘛崖和水泉湾一代的"老坑石"，形成于4亿万至3.5亿万年前，是最好的洮砚原料，历来一直是皇室文豪、富商巨贾争相拥有的珍宝。

到了宋代，洮砚更是声名远扬，但由于洮河砚石开采困难，洮砚更加稀缺了。到宋末，特级老坑石就已断绝了。元明清时期，洮砚的生产更少了，人们很难见到洮砚，流传下来的也极少。

近代，洮砚生产又重现生机，几千年来传承下来的古老制砚方法融合新时代的创意，洮砚作品屡次作为国礼赠予国外元首，甘肃省政府曾将敦煌菩萨砚赠予新加坡总理李光耀，日本前首相竹下登也曾得到一方甘肃省政府赠予的反弹琵琶洮砚。

PART 06
成之于火的砚台——澄泥砚

1983年9月，中国考古工作者在河南洛阳老城东关外的隋唐东都城遗址发现一块古砚残片，考古人员顺藤摸瓜，终于发现了质地细润呈青灰色的砚体，原来，这是一块龟形古砚的前半部分。

此砚龟腹部为砚池，前侧为一弯月形的墨池，砚底有足，虽然仅存砚身，但是经过研究，考古人员断定此砚是唐朝早期的澄泥砚。自从唐代起，澄泥砚就列入了中国四大名砚。

澄泥砚就是用泥制成的砚台，然而这种来自于泥土的砚台，不仅质地细腻，储水不干，即使到了寒冷的季节，墨汁也不易结冰。更神奇的是，敲击澄泥砚，会发出金属的声响。当然，不是任何泥土都可以制作澄泥砚。从汉代（前206～220年）起，人们就开始用黄河中下游沉淀了千年的黄河渍泥，作为原料制作澄泥砚，而且在古代，只有山西汾河沿岸的绛县、河南的虢州（今河南灵宝市南）、山东的柘沟镇、河北的滹沱河沿岸等地的渍泥才可制作澄泥砚。唐代时，尤其以虢州制作的澄泥砚闻名全国。

自古以来，砚石都与是"石"脱不了干系，那么，古人是怎么用黄河的泥沙制成澄泥砚的？

汉代时期，居住在汾河沿岸的绛州先民，将一种特制的双层绢袋吊沉于汾河中，河水中的泥沙流入绢袋中，经第一层绢袋过滤后，沉入第二层绢袋的细泥即是澄泥，人们将收集起来的黄河泥存放一到两年，历经冬夏以去其燥性，作为制作砚台的原料，此种砚台就称作澄泥砚。

制砚时，人们要采集黄河中下游河段的深层泥，虽然黄河的含沙量是世界第一，然而，黄河中下游河段的深层泥含沙量不大，黏度适中，是制作澄泥砚的绝佳材料。无论是哪一种砚台，都包含着中国古人的智慧与辛劳，澄泥砚也不例外。

采集到的泥沙，要经过仔细筛选、澄清然后彻底晾干，才能使用。要将松散的泥沙变成坚硬的砚台，需要在晾干的泥沙中加入一定比例的水与铅化合物——黄丹，然后充分地融和，反复揉搓，泥团就会更加细腻光滑。和泥不仅是个体力活，还讲究技巧，有经验的人，常常把软硬不同的泥，反复揉搓在一起，成品是否开裂，完全取决于和泥这一道工序。

和好的泥，放入模型中，然后用木槌使劲击打，使其变得更加光滑、坚硬。人们将拍好的泥，捏出砚台大体的形状。等泥坯稍微干燥后，再用竹刀小心翼翼地刻出砚台的具体形状，经过雕刻师一番精雕细琢，做出各种造型和纹饰。坯体修整好了，就是关键的工序——入炉烧制。烧制过程中最关键的是温度，温度高了，砚就会瓷化，发墨功力差；温度低了，砚又达不到应有的硬度，笔墨就容易相混，陶的烧成温度在900℃～1000℃左右，瓷的烧成温度在1300℃以上，而澄泥砚的烧成温度正是介乎于两者之间，一般在900℃～1200℃之间。即使在同一窑中，相同的泥质、温度，烧制出的澄泥砚的色泽、纹饰也不是完全一样的，这也是澄泥砚最令人痴迷的地方。由于原料来源不同、烧制时间不同，澄泥砚大体上有鳝鱼黄、蟹壳青、绿豆砂、玫瑰紫等不同颜色。

澄泥砚是在陶瓷砚的基础上发展起来的，到了唐代，澄泥砚的制作技

✕ 澄泥砚

艺已非常流行。宋代时期，制作澄泥砚的区域已从山西扩展到河南、山东、河北、陕西等地。随着制作工艺的不断进步，澄泥砚的色泽也很丰富，有绿色的，甚至还有正紫色的。色彩丰富、坚泽耐用的澄泥砚，越来越受文人士大夫的喜爱。明代，澄泥砚的制作又有了更大发展，其色泽更加丰富，有朱、紫、黄等色，常见的形状也有长、方、圆、八角等。到了清代时期，由于社会的动荡不安，澄泥砚的制作技艺就此销声匿迹。直到20世纪80年代末，山西绛州的版画艺术家蔺永茂与儿子蔺涛历经千辛万苦恢复了澄泥砚生产，停滞了300多年的澄泥砚技艺又复苏了。

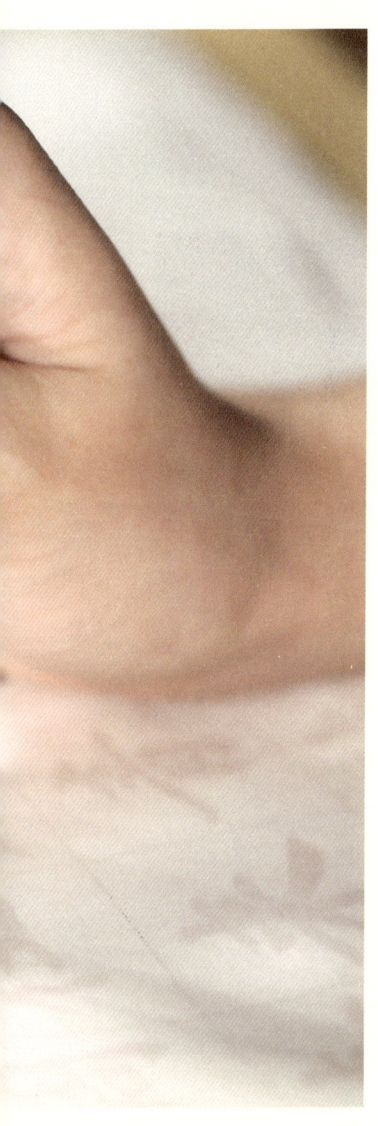

第六章

笔墨纸砚话风流

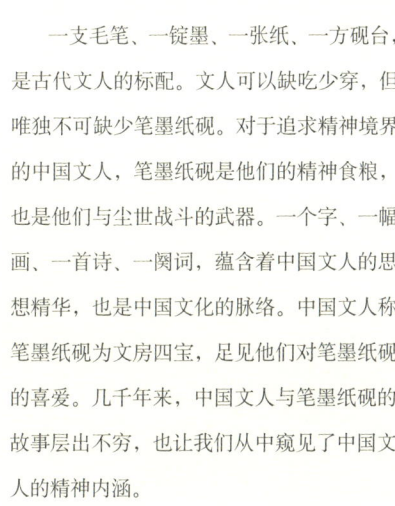

　　一支毛笔、一锭墨、一张纸、一方砚台，是古代文人的标配。文人可以缺吃少穿，但唯独不可缺少笔墨纸砚。对于追求精神境界的中国文人，笔墨纸砚是他们的精神食粮，也是他们与尘世战斗的武器。一个字、一幅画、一首诗、一阕词，蕴含着中国文人的思想精华，也是中国文化的脉络。中国文人称笔墨纸砚为文房四宝，足见他们对笔墨纸砚的喜爱。几千年来，中国文人与笔墨纸砚的故事层出不穷，也让我们从中窥见了中国文人的精神内涵。

文房四宝　笔墨纸砚里的雅事

╳

PART 01
以墨为食的东床快婿

　　王羲之（303～361年？）是晋代的大书法家，他自幼受到父亲的熏陶，酷爱书法。几十年间，王羲之勤学苦练，书法艺术天马行空、铁画银钩，达到了超逸绝伦的高峰，被人们誉为"书圣"。王羲之曾历任刺史、右军将军、会稽内史官职，然而，这些与他在书法界获得的成就相比，简直是云泥之别。

　　俗话说："台上一分钟，台下十年功"。王羲之取得的成就，足以见证他的付出。当时，王羲之时刻在练习书法，甚至连吃饭、走路都不放过，没有纸和笔，他就在身上反复划写，久而久之，衣服都被划破了。

　　王羲之的一生以墨为伴，在他的脑海中，墨的香味胜过美食的香气。有一次，他练字竟忘了吃饭，妻子知道后，赶紧将一碗糯米粑和一碟米糖送到书房。妻子再三叮嘱他，趁热吃。王羲之嘴里答应着，手里的笔一刻也没停下来。过了一会儿，妻子再次催促他赶紧吃饭，王羲之一如既往地答应着，还是在专心写字。又过了一会儿，当妻子走进书房，看见碗里的糯米粑被王羲之吃得一干二净，而碟子里的米糖竟然一点都没吃过的痕迹。妻子正在纳闷，突然，看到王羲之的嘴上沾满了乌黑的墨汁，妻子装作若无其事的样子，问道："你吃的米糖甜不甜？"

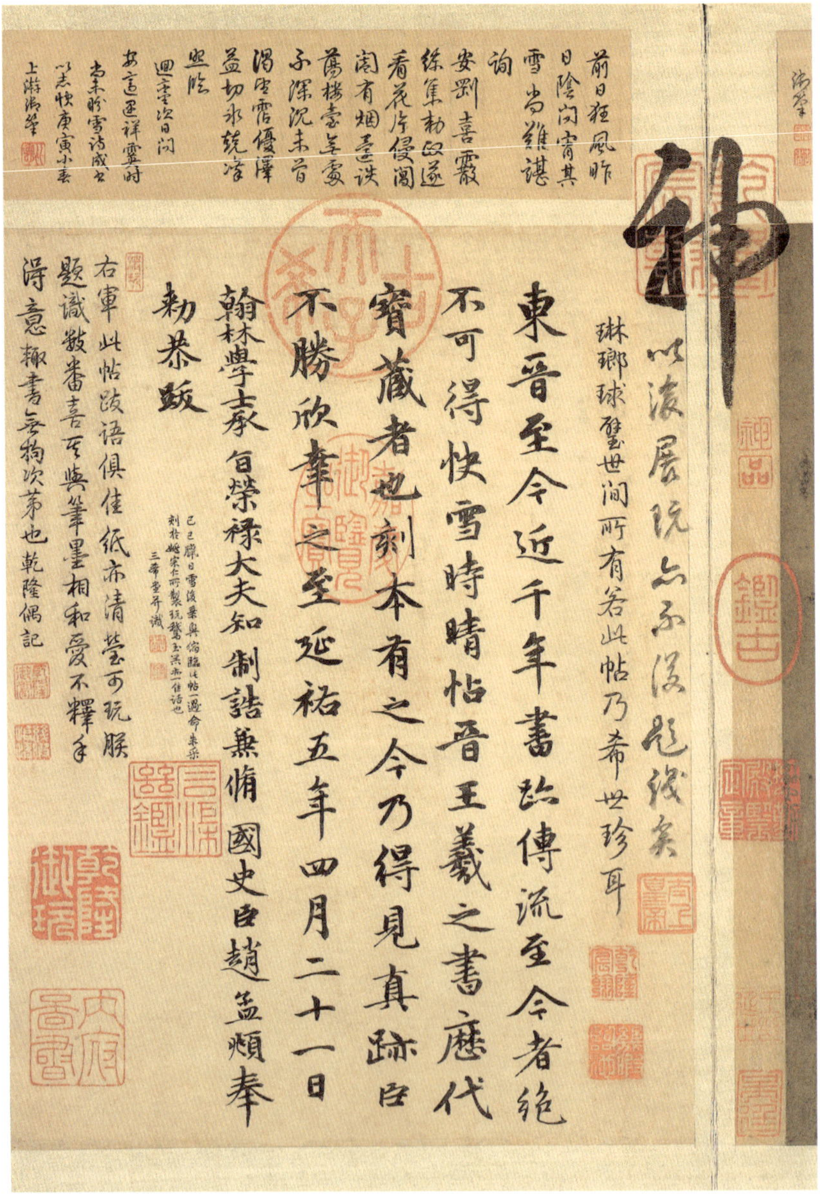

東晉至今近千年書跡傳流至今者絕
不可得快雪時晴帖晉王羲之書應代
寶藏者也刻本有之今乃得見真跡臣
不勝欣幸之至延祐五年四月二十一日
翰林學士臣榮祿大夫知制誥兼脩國史臣趙孟頫奉
勅恭跋

右軍此帖跋語俱佳紙亦清瑩可玩躾
題識數番喜至與筆墨相和愛不釋手
浮意聊書辛未拘次茅也乾隆偶記

✕ 晋代王羲之 《快雪时晴贴》

"甜啊！"王羲之爽快地答道。

妻子忍不住大笑起来，王羲之觉得莫名其妙，只见妻子指着他的嘴巴笑得腰都直不起来，他赶紧用手摸摸嘴巴，只见手上一片漆黑，他才明白，原来自己把墨汁当作米糖吃掉了。

还有一次，埋头练字的王羲之竟然把墨汁当作蒜泥，用馍馍蘸着吃了，他一边写字一边吃，还对妻子做的"蒜泥"赞不绝口。王羲之对书法的痴迷，深受世人赞许。

传说，王羲之正是因为对书法的痴迷，意外成就了自己的婚事。众所周知，王羲之的叔父王导是东晋的宰相，他与当朝太傅郗鉴是好朋友。有一天，郗鉴对王导说，他想在王导的儿子和侄子中为女儿选女婿。王导一听这个消息，当即表示同意，两人约定好了时间。

王导回家后，将太傅选女婿的事告诉了孩子们，孩子们早就听说郗家小姐不但人长得漂亮，而且知书达理，人人都想抱得美人归。郗家人来挑女婿的时候，孩子们都忙着穿衣打扮，唯恐自己错失良机。然而，却有一个孩子镇定自若，置若罔闻地躺在东厢房床上专心琢磨书写笔画，他就是王羲之。

郗家的人看过王导的儿侄之后，回去向郗鉴报告说："王家的几个男孩子都不错，只是有些拘谨，行为不太自然。只有东厢房那位公子躺在床上毫不在意，只顾用手在席上比划什么。"郗鉴听后，高兴地说："东床那位公子，必定是王羲之。这个孩子潜心学业，正是我中意的女婿。"

于是，决定把女儿嫁给了王羲之。王导的其他儿侄十分羡慕王羲之抱得美人归，就称他为东床快婿，从此"东床"也就成了女婿的美称了。

PART 02
令人称奇的"退笔冢"

　　智永和尚，原名王法极，是晋代大书法家王羲之的七世孙。智永从小聪慧过人，受家族的影响，智永特别喜欢书法，经过勤学苦练，能够挥洒自如地书写各种字体。即使如此，智永仍然严格要求自己，长年累月练字已成了他生活中的必修课。无论天寒酷暑，智永每天都要写好几个时辰的字，而且从不间断。在永欣寺时，他盖了一座小楼专门在此练字，并发誓"书不成，不下此楼"。就这样专心练字二三十年，写了800多本《千字文》分发给浙江的各个寺院。功夫不负有心人，终于，智永的书法为世人称颂。

　　一天，智永禅师正在指导一位小沙弥练字，几位年轻书生慕名来寺里，谒求大师的墨宝，并请教写字的秘诀。智永笑着答道："赠字不难，但秘诀实无，不过老衲可奉送诸位四字——勤学苦练。如能持之以恒，保你一生受用不尽。"书生们听了这话，大失所望。于是，智永禅师便叫小沙弥打开后院门，带书生们去寺中的塔林，来到一棵枝繁叶茂的大树下，大家看见一座高高的坟冢。冢前的石碑上刻有"退笔冢"三字，石碑的下方刻有"僧智永立"几个小字，背后还有智永写的一篇墓志铭。书生们大惑不解，常常听说有衣冠冢、靴冢，但是，"退笔冢"是怎么回事？原来，智永

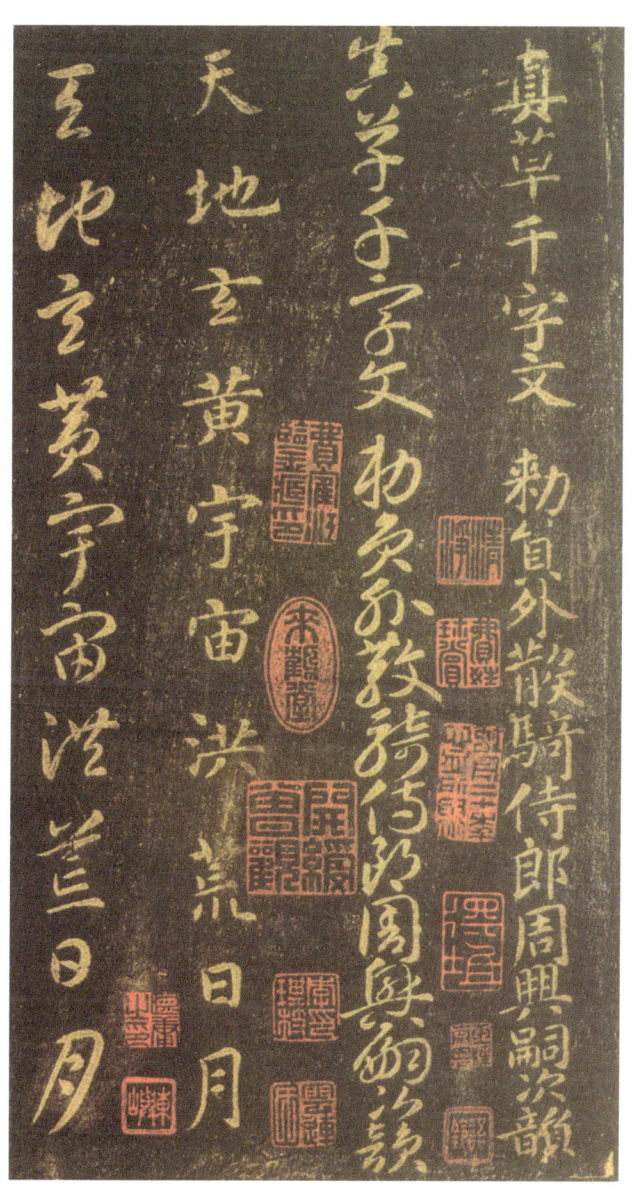

× 智永和尚《真草千字文》

不仅痴爱毛笔还很敬重每一支毛笔，每次得到一批新笔，他总是把笔恭恭敬敬地供奉起来，顶礼膜拜。当时的毛笔传承汉代的毛笔制作方法，毛笔的头和笔管是分离的，当笔头用的时间久了，就会变秃，影响书写，这时可以把笔头取下来，古人称作"退笔"。智永常年在永欣寺的小楼上临摹书写，每当笔头写秃了，他便将拔下的旧笔头放进竹箱子里，再换上新的笔头。日复一日，智永换下的笔头越来越多，竟然放满了五大箱。后来，智永就将这些废笔头埋入地下，做了个坟墓，并立碑"退笔冢"。智永常在退笔冢前沉思，回想当年持之以恒的勤学苦练。

偌大一座坟冢，贮满秃笔头，书生们看罢，惊愕不已，也从此恍然大悟，开始勤学苦练。苏轼曾用这个典故奉劝年轻人发奋读书："退笔成山未足珍，读书万卷始通神。"其实，任何学术要达到高峰，没有捷径可走，亦无秘诀可言，只有勤学苦练。

PART 03

被赐国姓的制墨人

在中国，墨的制作和使用已有几千年的历史，从第一个在历史上留下名字的汉代墨工——田真开始，三国时期的制墨名家韦诞、唐代的书法家李阳冰、南唐的奚超父子、宋代的潘谷、元代的朱万初、明代的罗小华、清代的曹素功、胡天柱等等，无数的墨工用辛勤的劳动和智慧，改进了墨的质量，许多技艺高超的制墨工因此加官晋爵。然而，在众多的墨工中，有一位墨工竟然因为制墨技艺高超，被皇帝赐姓，他就是南唐著名的墨工——奚超。

在现代社会，姓氏没有高低贵贱之分。然而，在远古时代，智慧的中国先民率先在世界上建立了"姓氏"制度。在古代封建社会，姓氏是有高低贵贱的差别的，也是区分血统的标准。当朝皇帝的姓最尊贵，被尊为"国姓"。"国姓"具有至高无上的荣耀，与皇帝同姓是一种荣耀，若与皇帝同宗同族就更是一种无形的政治资产。在唐朝，老百姓是不允许吃鲤鱼的，即使无意中抓到鲤鱼，也得放掉，如果胆敢贩卖鲤鱼，重打60大板。究其原因，就是当时的国姓是李姓。自古以来，中国的皇帝奖赏功臣，除了加官晋爵、封妻荫子、封地赏钱外，还有一种终极荣誉——赐国姓。恩赐某人国姓，与皇帝成为"一家"，这是皇帝对臣民的最高精神奖励。

唐末至五代时期，中国社会战乱频繁，社会动荡动荡不安，大批北方墨工为了寻求庇护，纷纷举家南迁，当时，易水著名的墨工奚超、奚廷珪父子也随着南下的人流，来到新安江流域的歙州，这里有茂密的松林、水质优良的新安江，是奚超、奚廷珪父子故重操旧业的好地方。决定留在歙州的奚廷珪，虚心学习当地墨工的制墨技艺，结合"易水墨"的制作工艺，反复琢磨，改进了制墨捣烟、和胶的方法，在油烟中加入金箔，并在墨料中加入麝香、冰片、丁香等贵重的香料，这样制出的墨，品质远远超过了易州墨，不但闪闪发光、不易褪色，而且墨锭长时间保持浓郁的芳香，也不容易被虫蛀。当时，人们称赞奚廷珪制成的墨丰肌腻理、光泽如漆，拈起轻、嗅来馨、磨来清。此外，奚廷珪也很注重墨模的雕刻，专门请人制作精美的墨模，因此，奚廷珪所制的墨不仅品质优良，外形也很美观。

　　后来，当地官府就出重金聘请奚廷珪制作佳墨，谨献给当时不问政事，却醉心于舞文弄墨的南唐后主、千古词帝——李煜。李煜第一次见到奚廷珪制作精良的墨品，惊叹不已，对此墨爱不释手。他立刻传信其他文人大臣进宫一起评墨。当墨锭在砚台中慢慢研磨时，一股幽香渐渐地在屋内弥漫，香气由淡至浓，大家都被震惊。激动之余，李煜拿起毛笔，挥笔作书，黝黑发亮的墨汁，在素雅的宣纸上润泽生辉。随后，李煜又命人画了一幅山水画，只见"焦""浓""重""淡""清"五色墨，浓淡分明，画中的远山近水，层峦叠嶂，生动形象，大家齐声称赞，一致评定此墨为"奇墨"。于是，李煜召奚廷珪进宫，封他为墨务官，并赐给"国姓"，从此以后，奚廷珪改名叫李廷珪，他制作的"新安香墨"又称作"李墨"了。从此李墨名满天下，其墨被誉为"天下第一品"，有"黄金易得，李墨难求"之说。

李墨除了配料精良，制作工艺也极为讲究，尤其是捶打非常扎实，所以李墨不但耐磨耐用，而且能裁纸，这是一般的墨不可同日而语的。据史料记载，北宋书法家、文字学家徐铉，幼年时曾得到一锭李墨，与弟弟徐锴共用此墨练字，每日书写五千字，整整用了10年。更令人称奇的是，即使是研磨过的墨，边上还和刀刃一样锋利，徐铉兄弟俩还常用残余的墨锭来裁纸。

PART 04

激发梅尧臣诗兴的神物

梅尧臣（1002 ~ 1060年）是北宋著名现实主义诗人，宋初诗的开山鼻祖。生活在今天的安徽宣城的梅尧臣，世称宛陵先生。他是典型的中国古代文人，自幼饱读诗书，少年时参加乡试却名落孙山。后来，梅尧臣随叔父来到了洛阳，谋到了一个主管洛阳文书的职位，随后，又多次出任州县的小官。

宋朝时，有一个单独选举官员考试的方式——召试。无论文科还是武科人员，可以由朝廷直接下诏参加考试。参加文科考试的人，可以被荐举或特诏试，也有已任官职的进士献文请求参加考试，考试合格后，即授秘书省官。古代人没有照片，应试者先交纳家状，即类似于现代人填的表格，内容包括籍贯、家中三代人的情况以及本人的体貌特征。为了避免有人走私人关系，考试的前一日，考官都要锁宿，考官往往都是进入贡院，断绝与外界的联系开始拟题。考生作答诗赋或是议论政治问题、向朝廷献策的文章，成绩一般分为五等或七等。淡泊名利的梅尧臣50岁后，终于得到了宋仁宗的召试，任国子监直讲。

国子监，是北宋时教育体系中的最高学府，当时有应天府书院（今商丘)国子监学，与东京(今开封)、西京(今洛阳)的国子监。在国子监上学的人都是七品以上官员的子弟，他们被称为国子生或监生。

在宋代，科举考试通常以经书中的文章、句子为题，而直讲，就是辅佐博士、助教，讲授经书。宋朝时，曾规定直讲一般情况下为八至十人，而且对人员的选拔要求很严格，必须是年龄在四十岁以上，通晓明了经义，行为端庄，是学生们的楷模，一般都是选择进士及九经及第者相互参证举荐的人，每人专门负责一门经学，传授给各位学生。

由于梅尧臣曾任国子监直讲，因此，人们都称他"梅直讲"。梅尧臣不但满腹经纶，而且他的诗与苏舜钦齐名，在诗坛上声望很高，并称为"苏梅"，同时也被誉为宋诗"开山祖师"。梅尧臣与挚友欧阳修，都是北宋诗歌革新运动的推动者，对宋诗起了巨大的影响，并称"欧梅"。陆游在文章中，曾写到欧阳修文、蔡襄书、梅尧臣诗"三者鼎立，各自名家"。

梅尧臣的诗在当时有极高的声望，欧阳修曾自认为诗不及梅尧臣。梅尧臣虽然提倡平淡的艺术境界，但是他主张诗歌创作必须"因事有所激，因物兴以通"，意思就是诗必须是诗人的心灵凭借外物而引起感发的过程，只有借助外物所感发出来的，才是诗人的"情志"。

喜欢作诗的梅尧臣非常喜欢宣纸，有记载显示，梅尧臣每一次得到质量上乘的纸，总是激动不已，激动之余，他都会用作诗的独特方式表达自己的欣喜之情。

澄心堂纸是南唐"百金不售一枚"的特纸质，它曾是南唐的文房四宝之一，也是南唐后主李煜的得意之作。在南唐，澄心堂纸只供御用及皇帝赏赐身边的著名文士，宫廷外的人是很难见到澄心堂纸的。随着南唐的灭亡，澄心堂纸的制作工艺已销声匿迹，南唐宫中珍藏的澄心堂纸，也就被弃置于墙角。一些宫中的人将澄心堂纸带出宫外，高价出售，当时的文人墨客争相购买。据说，宋朝的史学家、经学家、散文家刘敞，因为深得皇帝的赏识，在征得皇帝同意后，曾从皇宫中拿走百幅澄心堂纸。

1040年，在今天河南滑县时任武成军节度判官的欧阳修，有幸得到刘敞送给自己十幅澄心堂纸。因为志趣相投，欧阳修自然明白好朋友梅尧臣肯定特别喜欢澄心堂纸，于是，就将澄心堂纸分出两幅，用精织的丝绒品包裹好送给梅尧臣，梅尧臣得到澄心堂纸后，欣喜若狂，立马才思泉涌，提笔写道：

> 昨朝人自东郡来，古纸两轴缄縢开；
>
> 滑如春水密如茧，把玩惊喜心徘徊。
>
> 蜀笺脆不禁久，剡楮薄慢还可咍；
>
> 书言寄去当宝惜，慎勿乱与人剪裁。
>
> 江南李氏有国日，百金不许市一枚；
>
> 澄心堂中唯此物，静几铺写无尘埃。
>
> 当时国破何所有，帑藏空竭生莓苔；
>
> 但存图书及此纸，辇大都府非珍瑰。
>
> 于今已逾六十载，弃置大屋墙角堆；
>
> 幅狭不堪作诏命，聊备麤使供鸾台。
>
> 鸾台天官或好事，持归秘惜何嫌猜；
>
> 君今转遗重增愧，无君笔札无君才。
>
> 心烦收拾乏匮椟，日畏攘裂防婴孩；
>
> 不忍挥毫徒有思，依依还起子山哀。

这就是著名的《永叔寄澄心堂纸二幅》长诗。

这首诗的字里行间流露出梅尧臣得到澄心堂纸的惊喜以及对澄心堂纸的珍惜之情。从诗中我们可看到澄心堂纸，给人的第一印象是"滑如春水密如茧"，其质量远远超过四川的"蜀笺"、浙江的"剡楮"等名纸。

1055年，梅尧臣在《依韵和永叔澄心堂纸答刘原甫》诗中，还告知欧阳修："往年公赠两大轴，于今爱惜不辄开。"长达十五六年间，梅尧臣都没将这两幅纸使用，可见他对澄心堂纸的情有独钟，以及对澄心堂纸的珍惜，而且梅尧臣写信建议刘敞："文墨高妙君第一，宜用此纸传将来。"一种精妙的纸品，就会激发梅尧臣的诗性，这不仅在于纸品的精妙，也是中国文人言物托志的精神特性的体现。

PART 05

爱砚如痴的苏东坡

　　古人说："文人之有砚，犹美人之有镜也，一生之中最相亲傍。"在文房四宝中，砚是使用最长久、最耐人摩挲玩赏的文具，自古以来，中国的文人对砚台都是情有独钟，文人雅士把藏砚、评品名砚视为一种高雅之举。

　　晋代著名书法家王羲之曾将砚比为城池，将笔墨比为矛戈铠甲。在历史的长河中，中国文人关于砚台的奇闻轶事犹如过江之鲫。宋朝米芾（1051～1107年，北宋书法家、画家、书画理论家，与蔡襄、苏轼、黄庭坚并称"宋四家"）曾费尽心思向宋徽宗讨要一方端砚，得到砚台后抱起来就跑，连墨汁溅到衣服上也顾不得的理会。清康熙时期的著名诗人黄任（1683～1768年）罢官回乡时，兜里总共有两千金，然而，当看到名砚之首的端砚时，爱不释手，竟然一口气耗费千金购买了十方砚台，传说，为了滋润这些宝砚，他还让爱妾抱着砚台睡觉。一生豁达脱俗的宋代著名文学家、书画家苏东坡（1037～1101年）唯独对砚台如痴如醉，爱砚成癖。苏轼曾说"我生无田，食破砚"，他的一生以砚为田，常常为了得到一方砚台，不惜一切代价。

　　苏轼有一把价值不菲的古铜宝剑，他总是随身佩戴，有空就将宝剑拿出来小心翼翼地擦拭、端详。然而，有一天，苏轼去大理正张近家里做

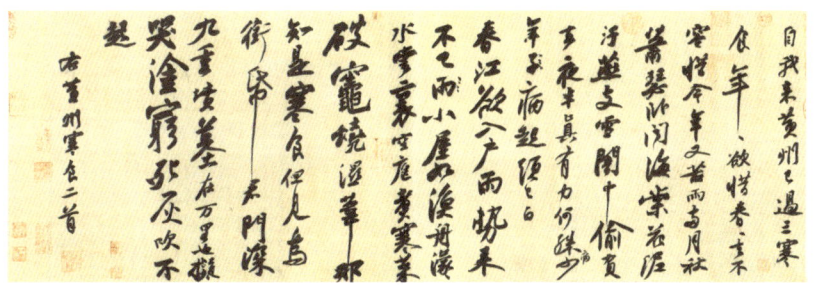

✕　宋代苏轼《黄州寒食帖》

客，看到其有一方"龙尾子石砚"，这方紫色鹅卵样的石砚润泽如玉，砚石上的纹理非常吸引人，尤其是敲击时，发出的声音清脆悦耳，苏轼越看越喜欢。

　　但是，与文房四宝常打交道的苏轼，明白这方砚台是当时的四大名砚之一——歙砚中的上乘砚台，发墨利笔，储墨不干，即使在寒冷的天气也不会结冰，张近得来肯定不易，于是，苏轼就说出想用宝剑换砚台的想法。但是，张近一向很看重苏轼的文才，坚持不收他的宝剑，只将砚台送给了苏轼，苏轼觉得过意不去，最终还是将宝剑送给张近。

　　第二天，苏轼不无感慨地说："仆少时好书画笔砚之类，如好声色，壮大渐知自笑，至老无复此病。昨日见张君卵石砚，辄复萌此意，卒以剑易之。既得之，亦复何益？乃知习气难除尽也。"

　　苏东坡一生寻砚、藏砚，只要遇到上乘砚台，无论是端砚、歙砚、洮砚、澄泥砚等，他都舍弃所有将这些名砚一一收入自己囊中，他收藏的砚台，竟然放满了屋子，就连睡觉都是拿砚台当枕头，苏东坡称得上中国文人"痴砚"第一人。

　　苏东波不但藏砚，还喜欢握刀雕琢，好砚成癖的苏东坡，一生留下了三十多篇砚铭，对端砚、歙砚、洮河砚赞美有加，许多砚铭写的别开生面。有一次，他还把对儿子的期望刻在了砚台上，"文章工点黝，忠义老研磨。伟节何须怒，宽饶要少和"是他对儿子的鞭策也是期望。精美的砚台，与苏东坡的绝世的文才结合在一起，为后人留下了难得的文化财富。

苏轼一生虽然在仕途上饱经挫折，但是自幼在中国传统文化的熏陶下，他善于融会儒、道、释三家思想精华，圆通以应万物之变。即使在被贬偏远山区，他也始终保持着对人生和对美好事物的追求。继承儒家的"学而优则仕"思想，苏轼积极入世，寻求报国的途径，然而，不随人俯仰、随波逐流的中国文人特性，却使得他的仕途坎坷不平。遭受坎坷，他进退自如，宠辱不惊，以不变应万变。仕途的不得志，并没有让苏轼被历史的尘埃淹没，相反，他是成千上万后世文人的楷模。

苏轼是宋代文学最高成就的代表，他不但在文、诗、词三方面都达到了极高的造诣，而且在书法、绘画等领域的成就都很突出。苏轼的作品在当时就驰名遐迩，在辽国、高丽等地都广受欢迎。北宋末年，朝廷一度禁止苏轼作品的流传，即使如此，很多苏轼的作品还是留存后世。

更令人震惊的是，在安徽省博物馆内，有一方宋代的抄手砚，就是苏东坡设计的，砚面犹如一个簸箕，可以研墨，但是，奇特的是这个砚背不同于其他的砚台，是掏空的，这是为什么？原来，古代文人要进行书写，笔墨纸砚的品质一样都不能懈怠，文人常常携带惯用的文房四宝，其中砚台的重量不可小觑，为了减轻重量，携带方便，苏轼就别出心裁，将砚背掏空，据说，冬天为了防止气温太低，墨汁结冰，还可以放入木炭。

爱砚如命的苏轼，即使在暮年，依然未减弱对砚台的痴爱，1102年，在今天南京的白沙东园，身患重病的苏轼遇见了著名书法家米芾，两个好朋友相见，无话不谈，米芾顺手就将自己包裹中的紫金石砚，拿出来与苏轼一起鉴赏，米芾很激动地告诉苏轼，这是砚石中的第一品，极其罕见。

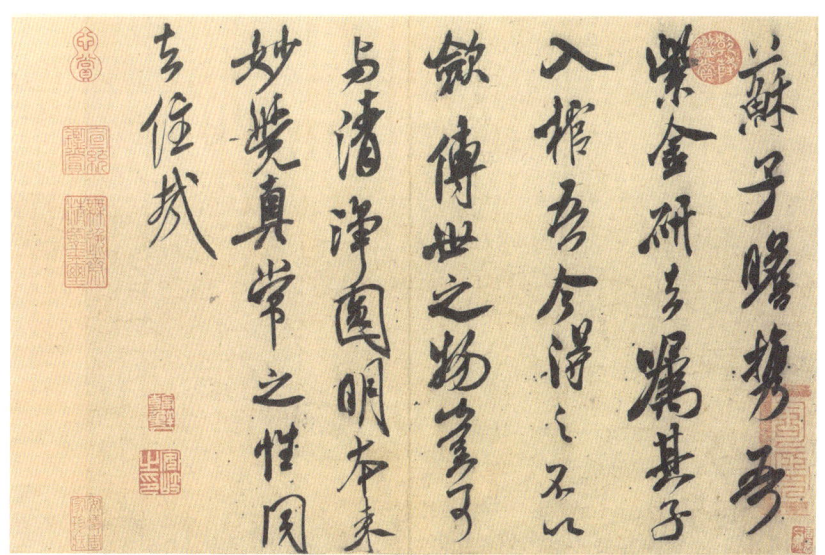

苏轼迫不及待地拿过来一看，此砚果然是鲁砚中的精品。在唐朝，紫金石砚就被列为名砚之首，到宋代，由于紫金石料的日渐枯竭，紫金石砚非常罕见。爱不释手的苏轼，就向米芾提出将此砚借给自己用几天，米芾一听只是借用，就爽快地答应了。其实，米芾哪里明白苏轼的小算盘啊，苏轼早都做好了一借不还的准备。

　　回到家后，苏轼就嘱咐儿子，等他去世以后，一定要将紫金石砚放入棺材作为陪葬品。28天后，苏轼果然在常州病逝。一生爱砚如痴的苏东坡，即使在生命的尽头依然对砚台念念不忘。虽然米芾的《紫金研帖》告诉世人，紫金石砚并没有成为苏东坡的陪葬品，最后还是物归原主，但是苏东坡的爱砚如命可见一斑。

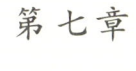
第七章

文房四宝的传承

　　笔墨纸砚，曾经是中国古代文人须臾不可分离的朋友，如今，随着社会的进步，电子科技的迅猛发展，曾经的文房四宝慢慢地成了中国文化的阳春白雪。但是，几千年来，文房四宝一直是中国文化的承载者，其蕴含的历史积淀和文化因子，以及独特的制作工艺，能让人深切感受到中国文化的深厚内涵。

文房四宝　笔墨纸砚里的雅事

✕

PART 01
走进上海世博会的湖笔

在湖州善琏镇，有两只巨大的毛笔，被称为"笔王""笔后"，这两支笔长5米，仅笔锋就有一米多长，重量竟达81.5千克。虽然这两支笔在以轻巧方便为主旨的今天，是不可能用来书写的，但它用庞大的身躯告诉人们，称雄于世的湖笔，善琏镇才是它的原生家庭，那些去往世界各地的湖笔，都是从这里走出去的。

元代（1206～1368年），朝廷对江南文人打压，文人只好将满腔悲愤与抑郁寄情于书画中，于是风格内敛的"文人画"兴起了。"文人画"注重于笔墨的运用，以狼毫、兔毫为主的硬毫已无法满足文人的需求，而用羊毫制作的湖笔就成了文人们无可替代的工具。由此，湖笔也占据了中国制笔业的顶峰。当然，并不是出自湖州的毛笔都能称得上"湖笔"。

湖笔最大的特点是笔锋尖端一段整齐透亮，笔工们称为"黑子"，这种笔蘸墨后，笔锋仍是尖形，把它铺开，内外的毛整齐无长短之分。"黑子"的原料主要是山羊毛，传统上只选择杭嘉湖一带所产的优质山羊毛。这些山羊在冬季吃含高蛋白的科桑叶或水花生，它们的毛是制笔的佳选。而且只选用山羊颈部、腋下等不易与外部摩擦部位的毛，这些地方因为隐蔽得好，毛不易碰伤，所以能够保证每根毛的尖端都有锋颖。但是，一般情况

× 挑毛

× 水盆

× 扎毫

× 刻字

下，一头健壮的山羊身上只有200克毛可以成为笔料，其中带"黑子"的至多只有80克，一只羊一年积攒下来的毛，只够制作一两支长锋笔。另外，湖笔笔管的竹主要取自浙西天目山北麓灵峰山下的鸡毛竹，鸡毛竹节稀杆直，竹内空隙较小，是制作笔杆的理想原料。

难以计数的湖笔，都是由一代又一代的制笔人精工细作而成，在众多勤劳的笔工中，杨松源可是大师级的湖笔制笔人。在上海世博会的中国国家馆，"九洲清晏"是中国馆唯一的书房，很多贵宾都曾到这里挥毫题字。明亮的"九州清晏"书房，在干净整洁的书桌上，陈列着两款湖笔作品，给书房增添了浓浓的书香气息，它们分别是《金盖出云》《凌云健笔》，均出自于杨松源之手。近几年，杨松源创新的湖笔品种已有上百款，其中《龙凤龟鹤》是杨松源最满意的作品之一。这是一套有着美好寓意的笔，龙凤代表杨松源和妻子，龟鹤代表他们的"红娘"沈应珍。98岁的沈老是老一辈制笔人，这款产品不仅象征着杨松源夫妻的和美，同时也汇聚了三位笔工的传承故事，这套笔是杨松源结婚33周年时制作的。这种个性化的毛笔也是杨松源摸索市场行情后的创新，受到了行家的高度评价。如今，这款《龙凤龟鹤》湖笔收藏于中国湖笔博物馆中。

杨松源出生在与湖笔之都善琏镇相邻的千金镇，15岁就拜择笔名家沈金荣为师学艺。2018年，杨松源被中国轻工业联合会评为轻工"大国工匠"，也是湖笔行业唯一一个获此殊荣的工匠。

湖笔的制作工艺有水盆、结头、装套、蒲墩、镶嵌、择笔、刻字等10多道大工序，细分可分为120多道小工序。做好一支毛笔，最重要也是最基本的问题在于，如何通过对不同种类和粗细的毛的搭配，达到特定的书写性能。一支好的湖笔是一根毛一根毛理出来的，所谓"千万毫中选一毫"，一点也不夸张。

随着社会的发展，湖笔不仅仅是一种书写工具，更多的是承载着中国文化。如今，虽然越来越多的人加入书法学习的队伍，国家甚至在中小学开设了书法课程，但是，由于毛笔已渐渐走出大多数人的日常生活，湖笔工艺后继乏人。幸运的是，在湖笔业界，包括杨松源在内的许多制笔工匠都在努力培养年轻的制笔工匠，许多热爱中国文化、钟爱湖笔工艺的年轻人，也加入了湖笔技艺传承的队伍，在众多湖笔工匠的继承与创新中，湖笔已吸引了世界的目光。

PART 02
聚焦世人目光的墨厂

从古至今，几千年来中国出现了众多的墨工。到了明代，出现了邹格之、方瑞生、程君房、罗小华"四大名家"，清代又出现了的曹素功、汪近圣、汪节庵、胡开文制墨"四大家"。古时候，墨品是墨家的标志，类似于现在的商标，墨家各有各的墨品，不同的墨品，价格也不同，即使不同墨家的统一墨品，其价格、等级也是有差别的。

墨的品种很多，总的来说可分为油烟和松烟墨两大类，此外，还有油烟和松烟混合制造的油松墨、茶墨和彩墨。油烟墨质地坚实、细腻、耐磨、色泽乌墨发亮，但用胶量较重。松烟墨的特点是墨色黑，但缺少光泽，胶轻质松，入水易化。无论是哪种墨，"质细、胶轻、色黑、声清"是评价好墨的特点。

1910年6月5日，第一届南洋劝业会在南京隆重开幕，这也是中国历史上首次全国规模的博览会，其目的就是促进各行各业振兴。经过近6个月的展览，南洋劝业会于1910年11月闭幕，最终，胡开文墨获南洋劝业会金牌奖章。

1915年，胡开文墨店所制的"苍珮室地球墨"在美国旧金山巴拿马国际博览会获得金质奖章，中国墨走向世界。"苍珮室地球墨"被誉为"中国的瑰宝"。到20世纪30年代，胡开文墨庄除休宁胡开文墨庄、屯溪胡开文老店外，先后在歙县、芜湖、汉口、长沙、南京、镇江、扬州、杭州、上海等地设立分店，其经营范围几乎覆盖大江南北，至此，徽墨中，胡开文墨一枝独秀。

乾隆三十年（1765年），安徽休宁的"汪启茂墨室"更名为"胡开文墨庄"。过去，中国人都习惯以自己的姓名命名店铺的名字，按照惯例，"胡开文墨庄"的店主应该就叫胡开文。其实店主名叫胡天柱，只有24岁，曾是汪启茂墨室的学徒，后来由于诚实又善于经营业务，成了汪启茂的女婿。至于店名，是因为胡天柱在南京贡院看到一块"天开文运"的额匾，觉得"开文"二字不错，就当作墨店的名头了。

13岁开始在墨店做徒工的胡天柱，非常注重墨的品质，在名家遍地的休宁墨中脱颖而出。在当时，徽墨世界中休宁派、歙县派、婺源派三足鼎立，婺源的墨工其实是为休宁墨提供加工服务的，墨品主要以休宁派、歙县派区分。休宁派中，胡开文制墨，既坚持按照易墨的制作手法，又有所创新，无论是经济效益，还是墨品的质量，都是独占鳌头。

1808年，胡天柱逝世后，其子孙继承胡开文墨的品质，并扩大胡开文墨业的规模。1852年，江苏芜湖南正街的"胡开文沅记"开业，这是胡氏后裔胡贞一与同乡的徽墨技工合股的墨庄，也是胡开文墨走出徽州，走向全国的第一店。从此，在中国许多地方先后都有胡开文墨店开业。

"胡开文沅记"的销售涉及各个阶层，包括了书生、官员、商贩。官员、书生需要的是高级墨，他们不但讲究墨品的质量，还要求墨品外观精美，古色古香；而商贩，是推销普通墨的小商人，一般他们低价批发一批货，带着到邻近县镇去高价兜售，赚取利益差。因此，"胡开文沅记"的墨就分为高级墨和普通墨，而且高级墨和普通墨产量之比是八比二。高级

✕ 腹碗炼烟

✕ 入模

✕ 微墨初成

✕ 描金

墨是墨店高额利润的主要来源，而普通墨则以薄利多销为原则争取顾客，以达到广为宣传的目的。高级墨以门店销售为主，普通墨以批发为主。据说，当时的芜湖道台衙门是芜湖"胡开文沅记"的大主顾，官场常常把徽墨作为礼品互相赠送，一次交易就价值几百两银子。

民国以后，墨汁及墨水非常盛行，"胡开文沅记"只好调整高级墨与普通墨生产比例及销售方式。高级墨与普通墨生产比例由原来的八比二改为三比七，销售方式改为大宗批发。虽然随着历史的变迁，徽州墨锭慢慢地走到了历史舞台的边缘，但是，胡开文墨依然经受住了考验。20世纪，胡开文墨一度成为徽墨的代名词。

20世纪三四十年代，由于诸多原因，胡开文墨经营日渐萧条。到了50年代，屯溪胡开文老店与其他墨店合营，成立国营徽州屯溪胡开文墨厂，在中华人民共和国人民政府的支持下，墨品的生产工艺得到提高。墨厂所产的"油烟书画墨"具有拈毫不腻、落纸如漆、藏久愈佳、不裂不燥等特点，1983年至1987年蝉联国家优质产品金奖，时隔两年后，该墨品又获得国家优质产品金质奖章。胡开文墨品不仅在国内各大城市畅销，而且连日本、东南亚诸国的书画家及爱好者的也非常推崇；1999年，胡开文墨厂开发的"苍佩室"牌"超顶漆烟墨""超细油烟墨""超细松烟墨"系列产品成了众多书画家创作必不可少的伴侣，"苍佩室"牌墨品敲击会发出金玉之声，然而，研磨时却悄无声息，墨色黝黑发光，被授为"国宝"的美誉。

目前，徽墨也已荣登"国家名片"。2006年9月10日，国家邮政局发行了4枚一套的《文房四宝》特种邮票，其中的"墨"邮票，即为故宫博物院收藏的两锭徽墨；2006年11月，屯溪胡开文墨厂的"胡开文"品牌被商务部授予"中华老字号"称号。2011年《非物质文化遗产法》的颁布和2014年《安徽省非物质文化遗产条例》的施行，标志着徽墨的传承与保护工作进入了新的历史阶段。

PART 03

独一无二的泾县宣纸

2015年12月，位于"中国宣纸之乡"安徽泾县的中国宣纸股份有限公司的生产车间里，嘹亮的劳动号子震耳欲聋，"123，拖起来……"、"123，挽起来……"紧接着，一波欢呼声扑面而来。

原来，经近百名制纸工匠齐心协力地努力，三丈三"超级宣纸"抄制成功，并荣获了吉尼斯"手工捞制的最大宣纸"世界纪录证书。"超级宣纸"是一种特种宣纸，它的抄制成功，为书画艺术家们创作巨幅书画艺术作品提供了方便。

常见的宣纸尺寸有四尺、五尺、六尺、八尺、丈二、丈六等，众所周知，在北京人民大会堂，由著名画家傅抱石和关山月创作的巨幅国画——《江山如此多娇》，画心部分超过50平方米，就是由13张乾隆年间的丈二古宣拼成。2000年，面积达13平方米的二丈千禧宣横空出世，则创造了宣纸行业的生产极限。而三丈三的"超级宣纸"成品纸长达11米，宽为3.3米，"三丈三"宣纸是目前世界上手工制作的最大宣纸，已经被列入世界吉尼斯纪录，一张"超级宣纸"市场价竟达一万五千元人民币。

制作这么大的纸，可不是件容易的事情。宣纸是传统的纯手工艺品，尺寸越大、制作难度越大。制作"超级宣纸"时，需要捞纸及辅助工52

✕ 宣纸制作

✕ 宣纸制作

人、晒纸工20人、剪纸工4人配合完成。

泾县宣纸是纸中极品，无数外国人对泾县宣纸的制作工艺垂涎三尺。从1877年开始，英国人白恩开始窃取宣纸的制作技艺。1883年，有一位日本人还曾乔装打扮潜入泾县探查宣纸制作技艺，回国后写成《清国制纸取调巡回日记》。20世纪初，日本人内山弥左当门，多次深入泾县小岭，偷盗宣纸生产情报，他还写了一篇《中国制纸法》，刊登在《日本工业化学杂志》第九编第98号上。

抗日战争爆发后，日本人多次秘密搜集了一些泾县的青檀树籽，在日本精心培育，然后仿照中国的工艺用檀皮制作宣纸，然而，日本人制作的宣纸质量与泾县宣纸根本不能相提并论。究其原因，就是气候、土质等条件不尽相同，生长出来的檀皮质量低劣。

然而，20世纪七八十年代，全球销量最大的宣纸却是日本产的。当时，日本人借着中国在改革开放初期对外资的需求，假借欲来泾县投资，"参观考察"宣纸厂，毫无专利观念的技术人员为参观者详细地讲解每一道制作工艺，让日本人获取了宣纸制造的整个流程，甚至是"纸药"的配方。后来，日本人也开始生产宣纸，竟然成了世界上最大的宣纸生产商。即便如此，日本人仍然宣称，中国宣纸第一、日本宣纸第二。

宣纸有生宣、熟宣之分。生宣是没有经过加工的宣纸，吸水性和沁水性都强，易产生丰富的墨韵变化，写意山水多用生宣，无论是泼墨法、积墨法，都能达到非凡的艺术效果。但是，笔墨在生宣上是很难掌握的。用生宣加胶矾处理后的宣纸就是熟宣了，也叫素宣。熟宣纸不洇墨，宜作工笔画。另外，宣纸按照檀皮与沙田稻草的比例不同，分为棉料、净皮、特种净皮三大类。棉料宣纸的原材料以稻草为主，檀皮含量在40%左右，纸质较薄、较轻，纸性绵软，手感柔润，润墨性强，适用一般绘画和书法；

净皮宣纸的檀皮含量达到60%以上的，而只有少量的稻草，纸性坚韧，柔软，宜书宜画；特种净皮宣纸原材料檀皮的含量则达到80%以上，它吃墨均匀，托墨色，下笔见痕，是书画创作的佳品。

但无论是哪种宣纸，从古至今，宣纸的生产历来是手工抄造、目测检验，诸如选料、蒸煮、捞纸、揭纸、看纸、剪纸等等工序，全凭经验，至今机器还无法替代。有人曾将个别工序改为机制生产，但手工制作的纸帘纹路和特有的润墨效果，至今尚无法保证。

2009年，中国宣纸制作技艺入选联合国教科文组织《人类非物质文化遗产代表作名录》，入选理由就是，自唐代以来，宣纸一直是书法、绘画及典籍印刷的最佳载体，至今仍不能为机制纸所替代。

如今，各个宣纸生产厂家，推陈出新，恢复了"白鹿宣""露皇宣""描金笺""虎皮宣"等古代宣纸的生产，也创新出"三星""金星""红旗"等新品牌，以及采用宣纸加工制作的"宣纸折扇""宣纸镜片""宣纸邮票册"还有以"三丈三宣""建国六十周年纪念纸"为代表的书画家专用纸等超大型手工宣纸和特制纪念宣纸，传统宣纸手工技艺在新时代焕发出新的生机。宣纸市场由国内扩展到东南亚、欧美等国际市场，宣纸用途虽然仍以书画为主，但是在裱托、印刷、剪纸等行业也可见到宣纸的踪迹。

PART 04
重达百吨的砚台

2017年5月4日，由甘肃省洮砚开发公司雕刻制作的"中华腾龙"巨型洮砚制作完成。这座用整块绿色洮砚原石打造的砚台，长18米，宽3.3米，高1.68米，重量达118吨，成功申请吉尼斯世界纪录，成为世界上最大的洮砚。

自唐代以来，洮砚就一直是古代中国文人墨客公认的四大名砚之一，洮砚以石质的细密晶莹以及艳丽的色彩，赢得了一代又一代中国文人的钟爱，洮砚中的绿洮历来都是人们眼中的珍宝。

说起"中华腾龙砚"的制作过程，不得不提起岷县国家级非物质文化遗产洮砚传承人赵成德。为了制作"中华腾龙砚"，赵成德率领50多名能工巧匠历时5年精雕细琢。任何一方精美的砚台从开采石料到成品，需历经多个工序，而每一个工序都离不开制砚师的用心。

如今，随着信息技术的普及与书写方式的改变，砚台也慢慢地走出了普通人的生活，砚台由实用品转化成了艺术品，集绘画、书法、诗词歌赋以及雕刻于一身的砚台，具有独特的综合艺术，饱含着意蕴丰富的人文精神。

最初的砚台是以研磨器的身份走入古人们的生活，之后成为中国古代

✕ 龙形砚台

文人的必备品，但这些都是以实用性为主。然而，到了明清时期，随着文房用品发展的鼎盛时期到来，制砚的材料五花八门，甚至有了锡砚、玉砚、象牙砚等。尤其在清代，砚台除了实用功能之外，又渐渐地增加了审美功能，成为达官贵人或文人墨客鉴赏、把玩的对象。

无论是端砚、歙砚、洮砚、澄泥砚"四大名砚"，还是松花砚、易砚、贺兰砚等，一方小小的砚台，诗、书、画、印精妙融合，体现的都是中国文化的精神风骨。不管是繁复的雕刻，还是制砚师依据石材的特点，寥寥数笔，简单的线条勾勒，每一方砚台都有中国哲学天人合一的理念的印记。

中国历代的文化人对砚台的珍爱，简直无以复加。南唐后主李煜，被宋军俘获时，命在旦夕，随身仅带的一件物品，竟然是一方青绿色的歙砚，脍炙人口的《虞美人》，就是李煜被俘期间，用此砚书写的佳作。宋代的著名书画家米芾，为了得到一方奇砚，冒着欺君之罪，竟然在皇帝宋徽宗面前耍花招。米芾爱砚如痴，甚至将砚台比做自己的头，曾抱着珍爱的砚台共眠数日。

随着社会历史的演变，砚台的石料越来越稀缺，再加上制砚师的神来之手，砚台成了一个个绝妙的手工艺艺术品，有些砚台专为观赏、藏玩而做。

砚台，贵在石料奇、工艺精。我国制砚史上有七珍八宝之说，即在砚台上有7个石眼的为珍品，8个石眼的为宝。鉴赏砚台，一是看砚台的材质、工艺、品相、铭文等。二是用手抚摩砚台，感觉是否滑润细腻。滑润者，石质好，粗糙者，石质就差。三是用手指轻轻敲击，听其声音。比如，如果是端砚，发出木声为佳，瓦声次之，金声为下。如果是歙砚，以声音清脆为好。四是洗，把砚台上的墨痕洗掉，仔细观察砚台是否有损伤或修理过的痕迹。五是掂，即掂一下砚台的分量，同样大小的歙砚，重量重者优于重量轻者。

虽然砚台已成为了一个个精美的艺术品，但是砚台的实用性始终居于主导地位。随着物质文化生活的丰富，砚台出现了由实用向着实用与欣赏相结合的方向演变。在古代，制砚技艺的传承主要是以家族式技艺传承为主，进入中华人民共和国后，出现了师徒传承的形式。如今，也有不少文化底蕴深厚的文化学者、书画艺术家、美术专业的高校毕业生加入了制砚的行业，有的地方政府也在高校开设了砚台制作技艺的课堂。

PART 05

旧颜未改的苍坡村

　　在浙江省，有一个神奇的地方，这个村落始建于南宋淳熙五年（1178年），至今已历经八百多年历史风雨沧桑，却仍然保留着宋代的寨墙、路道、住宅、亭榭、祠庙、水池以及古柏等。更为奇特的是，这里以"文房四宝"作为建筑格局，它就是浙江省温州市永嘉县楠溪江畔的苍坡古村。

　　苍坡村处处体现着苍坡村先祖们的文雅情操。这里的街巷呈八卦形，以方形环状的鼓盘巷为中心，有八条大路通向东南西北的各个方向，村寨也有八道门通向村外。整个村落以一人多高的鹅卵石寨墙合围成规则的矩形，地势平坦、方方正正的村落犹如一张"纸"；村落的东池和西池则是两方"宝砚"，池边沿用条石筑成砚槽；砚池边放着几条长5米左右的大条石，和墨锭的形状一模一样，其中一条大条石端头是斜的，一看就是已经被研磨过的墨锭；西池北面的"笔街"，是一条由青砖和鹅卵石铺就的东西向笔直长街，犹如一支巨大的毛笔，直指"笔架山"。笔架山由五座排列整齐而且相连的山峰组成，每一座山峰都形似规则的圆锥状，犹如竖立的毛笔，被叫做"文笔峰"。

　　为何古人选择在苍坡以"文房四宝"的布局建造村寨？

　　首先，地处楠溪江流域的苍坡村，风景秀丽，且拥有雁荡、括苍山

⋋ 苍坡村

脉以及瓯江的天然屏障，可以避免战祸，历来是中原士族迁居耕读的首
选之地。

其次，苍坡村村落的"文房四宝"布局以及其象征意义，是中国古代
文人耕读文化理想的生动表达。几千年来，中国古代文人始终在"田园山
水"的隐士生活，与入世为官的政治抱负中寻找平衡。苍坡村的始祖是李
唐皇朝后裔，为避战祸来到苍坡。但是，他们并非真的要逃离俗世，尽享
安逸，而是选择进退两便的耕读生活，以期后人能有一日重返朝堂，甚至
重登皇位。镌刻在古村落祠堂门廊两侧的楹联"耕为本务，读可容身"，就
是最好的证明。

古代中国历来有着耕读的传统，无数中国文人从乡村走出，而当他们
在庙堂遭遇挫折时，也会选择归隐田园，以耕读为乐。如今，在中国一些

乡村的民宅，我们依稀会看到人们用"耕读传家"作为大门对联的横批或匾额。

随着中国社会的发展，传统的晴耕雨读已经不复存在。但是，苍坡村的"文房四宝"建筑格局依然激励着一代代后人努力读书，苍坡村独特的村落布局也吸引着国内外的游客慕名而来。